Three Essays on the Theory of Sexuality

性学三论

[奥] 西格蒙德·弗洛伊德 著

孙中文 译

插图
导读版

北方文艺出版社

图书在版编目（CIP）数据

性学三论：插图导读版 /（奥）西格蒙德·弗洛伊德（Sigmund Freud）著；孙中文译 . —— 哈尔滨：北方文艺出版社，2018.12

ISBN 978-7-5317-4408-5

Ⅰ . ①性… Ⅱ . ①西… ②孙… Ⅲ . ①性学 – 研究 Ⅳ . ①C913.14

中国版本图书馆 CIP 数据核字（2018）第 249580 号

本书译文经成都天鸢文化传播有限公司代理，由信实文化行销有限公司授权北京卓文天语文化有限公司独家出版发行，非经书面同意，不得以任何形式，任意复制转载。

性学三论（插图导读版）
Xingxue Sanlun Chatu Daodu Ban

作 者 /[奥]西格蒙德·弗洛伊德　　　　译 者 / 孙中文

责任编辑 / 王　丹　赵　芳　　　　　封面设计 / 主语设计

出版发行 / 北方文艺出版社　　　　　网 址 / www.bfwy.com
邮 编 / 150080　　　　　　　　　　经 销 / 新华书店
地 址 / 哈尔滨市南岗区林兴街3号
发行电话 /（0451）85951921　　85951915

印 刷 / 嘉业印刷（天津）有限公司　　开 本 / 880×1230　1/32
字 数 / 160 千　　　　　　　　　　印 张 / 8.5
版 次 / 2018 年 12 月第 1 版　　　　印 次 / 2018 年 12 月第 1 次印刷

书 号 / ISBN 978-7-5317-4408-5　　定 价 / 49.80 元

导读一

从回避到探究——性与性教育

曹雪敏　复旦大学社会心理学博士

当我们谈论"性"的时候，常常需要在科学和文化这两个维度间切换，而弗洛伊德的《性学三论》也是如此，他从科学和文化这两个维度谈论了性的诸多方面，包括：性变态、儿童的性冲动和青春期的男女之性。在后续不断再版的过程中，弗洛伊德又增加了：性与爱情、性与道德和精神病这两篇，从相对个体的视角进阶到了相对宏观的文化视角，也从理论层面进一步拓展到了应用层面。

《性学三论》初版于1905年，在近二十年的增改之后，1924年其最后一版定稿。而1924年距今也近百年了，这百年来无论是心理学，还是性学，从科学层面而言都已经有了突飞猛进的发展。所以如果仅仅想从本书中学习知识，恐怕《性学三论》并不是最佳选择。近百年后的我们，读《性学三论》，必须将它放在其历史背景之下进行阅读和思考，如此才能领略弗洛伊德撰写此书时所显现的风采——超越时代的洞察力和智慧，而他的不少观点和理念即使放在当今（2018年），也依然走在了绝大多数人的前面。

1905年，就中国而言，是清光绪三十一年，当时的中国社会依然以"三寸金莲"为美；就世界而言，性生理学实验研究的先驱威廉·豪威尔·马斯特斯（William Howell Masters，1915—2011）尚未出生，1966年，其第一本著作《人类的性反应》（*Human Sexual Response*）出版，1979年，其另一本饱受争议的书《透视同性恋》（*Homosexuality in Perspective*）出版。

2018年，以同性恋为例，科学上对同性恋的认识已经取得了不少进展。例如在行为遗传学领域，一项基于瑞典双生子的研究表明，对于男同性恋，先天影响为34%—39%，非共享环境（包括子宫环境、母体免疫和社会性的同辈影响等）影响为61%—66%，共享环境（主要指家庭）影响为0。也就是说，同性恋（尤其是男同）的性取向主要由先天遗传和子宫环境这两项生物性因素来决定，后天环境的影响有限。这点和弗洛伊德在《性学三论》中的观点一致："它是先天体质和后天偶发因素两者互相作用的结果。"虽然科学上已经取得了不少共识，但人类社会对同性恋的态度依然相对落后，无论是中国还是整个世界都是如此。

不仅是同性恋，所有关乎"性"的议题，例如性暴力犯罪、生育、两性差异和性教育等，都面临着文化和观念远远落后于科学进展的遗憾境地。究其根本，是我们看待性的视角依然被困于因"性"而起的羞耻情绪，而这样的局限，不仅在影响着我们这代成年人，也在通过代际传递束缚着下一代的发展——对"性"的无知和避讳不仅会影响个体对自我的认知和发展，也会在成长的道路上埋下很多可能引发伤害的地雷，例如儿童在无知之中遭遇性侵等。

而这些原本是可以通过教育来避免的，我们迫切需要更健康、更现代、更科学、更包容、更多元化的性教育，这是我们成年人的义务和责任，每一位父母、每一位师长乃至整个社会都需要重新认真审视，并从宏观（整个社会）、中观（社区和学校）和微观（家庭和个体）各个层面做出切实的应对举措。

性教育是个人自我认识和社会文明发展的基础，我们需要接触更多的信息来建设这一基础。

然而，看起来信息唾手可得的互联网时代，其实真理更加难求。因为，知识和理论在那里，谬误和偏见也在那里，而读者会选择哪个来深入学习，依赖的是背后所需的思维方式，也就是说，是关乎观察和思考的方法论。就关于性教育的学习方法论而言，弗洛伊德在其《性学三论》中有三点最值得我们学习，尤其是在"性"这个很容易因为本能就走偏的议题上。

第一点，从盲从到独立。无论哪个时代，关于"性"和"性教育"所要涉及的范围和不同群体所持的观点，总是众说纷纭、乱象横生，越是隐蔽不开放的领域，这种现象越是严重。弗洛伊德所处的年代也是如此，例如对性变态群体的偏见，但弗洛伊德没有选择盲从，他运用自己的知识体系和深度思考提出了自己的独立观点。关于"性教育"，只要我们秉持开放包容的态度，就可以获取最新最科学的信息，再加上深度思考，便可以离"性教育"的真理更加近一些。

第二点，从评价到探究。"性"总是和道德品性紧密相连，这也是为什么当人们探究"性"的时候，常常评价先行于客观了解，例如对孩童的自慰行为，是批判压制还是探究引导，这是一个重要且关键的分岔口。在性教育的过程中，我们要明白，有关性的知识和行为，比评价更重要的是探究，因为"性"不仅关乎与"性"相关的道德，还关乎一个人的好奇心、一个人对本能的应对方式、一个人对关系的认识之初等，如果我们能引导孩童去探究"性"，我们便能引导孩童探究更广阔的世界。

第三点，从现象到本质。在弗洛伊德所处的时代，当所有人都将处女与贞洁画等号的时候，他却透过表面现象去深入挖掘现象背后的成因，并且从生理、心理和文化等多个角度进行分析，这难能可贵。在性教育的过程中，对教育对象的想法、行为和变化，我们也要深入挖掘背后的成因。例如，当孩童玩弄自己或异性的性器官的时候，他们究竟为何及如何产生了这一行为？之后又该如何基于社会规则去正确引导？对于这些问题弗洛伊德也提出了他的观点和方法。

最后，对不是以研究为目的的读者而言，学习的根本目的不仅在于满足好奇心、探究世界，更在于实际生活中的应用。因此，我希望每一位读者在阅读《性学三论》的过程中，秉持开放性态度和批判性思维，按以上"独立、探究和本质"这三点要求去学习、吸收并转化书中的知识和观点，在实际生活中为自己所用，由"性"的探索向自我发展进阶，从"性"的科学向"性"的文明进阶。

王尔德说过："这世界上所有的事情都与性有关，除了性本身。"

关于"性"，我们还有很多东西要学习，祝大家开卷有益。

导读二

弗洛伊德之性启蒙运动及当代性教育

李孟潮　精神科医师，个人执业

《易林》比之观：鸣鹤北飞，下就稻池。鳣鲔鳇鲤，众多饶有。一笱获两，利得过倍。

1.阅读《性学三论》的意义

弗洛伊德众多著作中，《性学三论》是最受争议的，弗洛伊德"泛性论者"的恶名，就多因为此书。

不过，弗洛伊德本人对此书情有独钟。在1920年的序言中，他抱怨，虽然自己的其他理论都得到了广泛接受，但是《性学三论》却一直遭到反驳，乃至造成有些同行和他分道扬镳（其中最重要的一个就是荣格）。

所以弗洛伊德要为自己辩护，他提出了两点：第一，反对者们可能缺乏临床经验；第二，性欲观其实早在先贤柏拉图、叔本华那里就提出了，他并非离经叛道。

弗洛伊德坚持自己的性学理论是可以临床实证的。他认为，一个临床工作者必须具备两个方面的条件，才可以见证他所说的性心理变化——这两个方面，一个是技术，一个是态度。

技术上，"首先，只有那些拥有足够耐心和精湛技艺的人，才能将分析深入到病人早年的生活之中，从而证实我关于人类性生活本源的说法。但是，医学治疗往往要求迅速见效，这也就使得这种可能性大大降低"。

态度上，"同时，只有那些拥有精神分析理论基础的医生，才具备相关的知识，从而能够不受自身喜恶和偏见的影响，做出专业的判断"。

换句话说，只有在长期的、不追求迅速见效的分析过程中，治疗师搁置个人的好恶和偏见，探索来访者的性生活和有关性发育的早年记忆，才有可能见证弗洛伊德在《性学三论》中所讨论的主题。

我个人的工作经验是部分支持弗洛伊德的说法的，的确，如果我们的疗程足够长，比如一百次之后，性生活的议题才会逐渐浮现出来。不少现象的确符合他当年的观察，比如他说所有神经症患者都有同性恋倾向，我以前以为这只是他自己的推断，直到我发现确实大部分神经症患者都会在治疗中期做以同性恋为主题的梦。

所以阅读此书的第一个意义，就是为精神分析的治疗师学习使用。

然而，这视角未免过于局限。此书自出版以来，大部分读者都不是精神分析师。

那么，为什么这么多的人对此书念念不忘呢？

我想，因为它暗中预告了现代人性生活的开端。

法国存在主义作家加缪说过，"现代人的特点就是读报和通奸"。如果他活在今天，可能要改口说，现代中国人的特点是看手机和"约炮"了。

当然，这两项活动都是象征。

看手机象征着通过浏览提升见识和视野，"约炮"象征着追求性爱自由。

这才是今天我们重新阅读《性学三论》所具有的深刻意义——增长见识，追求自由。

见识和自由最终又都指向——现代人性爱婚姻观的形成。

最近几个调查都发现，当代中国人的择偶观中，都把"三观一致"放到了首要条件。（潘绥铭，2017）

三观之中，比如世界观、人生观，其实找个朋友也可以保持一致的，但是只有情侣或夫妻，才需要在性爱婚姻观上保持高度一致。

很多心理个案的苦恼，就出在从来没有反思过自己和对方的性爱婚姻观差异，而默认双方的设置是一致的。比如有位女性来访者，婚前认为夫妻间应该灵肉合一的，出轨就意味着婚姻的终结，她所定义的出轨包括嫖娼。但是她丈夫却没有如此看法，他从小看到自己的妈妈频繁出轨，故而认为婚姻中出轨是正常现象，至于嫖娼，被他看作工作应酬的需要，甚至怀着为国捐躯的心态去和客户们嫖娼。

弗洛伊德是最早细致研究人们的性爱婚姻观是如何形成、如何影响生活方方面面的人。这些研究的重磅成就之一就是这本《性学三论》。

2.阅读弗洛伊德的困难

《性学三论》和《梦的解析》一起，构成了弗洛伊德早期理论的左膀右臂，是学习精神分析的必读作品。

但是《性学三论》这部作品并不好读，这和弗洛伊德的文风有密切关系。他全集里面的有些著作，是写给普通读者看的，是他写的"科普书"或者入门教材，比如《精神分析引论》《日常生活的心理病理学》等。这些著作总体来说，阅读难度较低。

还有一类著作是写给心理医生们看的，凡是这一类的文章，不难发现弗洛伊德的文风——绕来绕去，繁枝错节，诸多脚注，前后不一。

比如经常是这样的行文流程——

首先关于这个问题有理论A，但是理论A是不足的，这里那里有问题，当然理论A也是合理的——所以我们有了理论B——在讲理论B之前，我们先去看看理论C或者和理论关系不大的文学、哲学和笑话——大家注意，这些都是精神分析的发现，而精神分析是什么，不是什么，我们是被误解的科学家——好的，现在回到理论B，它也有这里那里的不足——所以，确定无疑了，就是理论D最有道理。——但是多年后，我发现了理论D也有不足，所以我在这里加个脚注——又过了多年，读者们，我这里又要加个脚注了，因为我们精神分析的临床发现，理论C是有道理的，但是荣格那个家伙就是千方百计地要反对我们的理论。

　　阅读弗洛伊德的第二个困难，在于他毕竟处于精神病学和心理学发展的早期，所以他那个时代的人，发明了很多术语，这些术语有些现在完全不用，有些和今天有很多不同。比如他那时候说的"癔症""神经症"，和今天就大不相同。

　　包括一些核心概念，也有不断扩展和改变的内容。比如"性欲"这个词，在早期就有点接近于性快感的意思，所以如果很多人说弗洛伊德是"泛性论者"，其实也不算完全冤枉他，不过这只是他早期的"性欲"一词的含义，后来他把这个词的内涵扩充成了对爱的追求，乃至扩充成基本能量形式。

　　阅读弗洛伊德的第三个困难，来自我国翻译者众多，翻译者背景不同，依据的版本也各不相同。所以同一个词，同一句话，换一个版本来看，就会出现很大的差别。对于中文读者来说，尤其困难了。

那么，这三个困难该如何解决呢？

我的想法是，针对弗洛伊德文本中的多重逻辑、多重内容交叉的形式，我们的确需要撰写导读。尤其是使用"思维导图"这样的图式，简明扼要地总结其理论要点，从而降低初次阅读者的阅读难度。

针对弗洛伊德所提出的核心概念的前后不一，内涵变迁，我们需要参考精神分析的词典，尤其是运用了概念研究方法写作的词典。这方面已经有两本很好的词典，一本叫作《精神分析的辞汇》，另一本叫作《国际精神分析大辞典》。

针对译本不一的问题，则可以逐渐地把各个译本统一为根据英文全集标准版和德文版进行三语对照的翻译。

3.《性学三论》内容概述及思维导图

中国人一向很喜欢格言体短句，在中国文化中，说话一直比较简洁，《易经》云："乾以易知，坤以简能。易则易知，简则易从。易知则有亲，易从则有功。有亲则可久，有功则可大。可久则贤人之德，可大则贤人之业。"

翻开一部中国哲学史，几乎所有哲学家的著作都是用散文诗一样的短句写成的，类似弗洛伊德、海德格尔那样绕来绕去、长篇论证的书籍几乎没有。

所以，弗洛伊德在中国也经常被简单化、格言化，比如《性学三论》这本书，就可以把它格言化为以下几句：

人生的动力就是性欲；一切神经症都是性变态；所有儿童都是性变态；5岁之前，你一辈子的性生活就被决定了。

看起来骇人听闻，但是这几句话其实也离题不远，全部贯穿于《性学三论》的脉络中。

这本书总共四个部分。下面详细介绍一下。

第一部分是"性变态（Sexual Aberrations）"，这个词也许翻译成"性偏差"更加切合原意一点儿，因为弗洛伊德认为他在这一论题中描述的各种性行为，在正常人的性生活中也可以出现，所以不能根据这些行为是否出现，就判断一个人的性行为是否正常，只有当一个人执着地只追求某一种"性偏差"的行为的时候，才能说这个人是异常的。在这个部分中，弗洛伊德详细地描述了有关"性变态"的各种现象和理论。

他首先提出两个概念，一个叫作"性对象"或者"性客体"，是指性欲所指向的人；另一个叫作"性目标（Sexual Aim）"，这个词也可以翻译成"性终点"，因为aim有"终点、目的地"的意思，而这里的含义也是指性欲最终付诸实施的行为。

然后根据这两个概念，弗洛伊德总结和分类了各种性变态行为。在性目标异常中，他分类了性倒错（同性恋）和恋童癖、恋兽癖。对于恋童癖和恋兽癖他置笔不多，但对同性恋下了很大功夫，详细考察分析了当时的各种学说——遗传说、雌雄同体说等——但是这些假设都被他一一质疑。然而他本来并没有建立起自己的学说，直到后来在一个长篇脚注中，他才提出了男性同性恋者，并将他们分为主观同性恋者和客观同性恋者。

主观同性恋者是因为和女人产生自恋融合，把自己认同为女性，而寻找其他男性来提供母爱给自己，弗洛伊德认为这类人是不可以治疗的。

还有一类人是客观同性恋者，他们把其他男性当作女性来对待，弗洛伊德认为这类人可以治疗。

但是令人瞠目结舌的是他又报告了当时的一个案例——通过给同性恋者移植睾丸而治疗有效——认为这意味着雌雄同体说也有道理。

这部分的结论是，性客体的形式和价值都是次要的，在性冲动形成的过程中，其他东西可能才是最根本的。这为他后面的幼儿性欲、乱伦冲动埋下了伏笔。

接着弗洛伊德讨论了"性目标"的转变。他显然和同时代的人一样，认为性行为的终点应该是阴道与阴茎的交合。

口交、肛交、恋物等行为都被分析了一通，这些行为的共同特征是"崇拜和高估"对方的价值，即所谓"匍匐在美人的脚下"。他还分析了有些人的性行为满足于观看、抚摸、施虐、受虐等各种现象，深究其原因的时候也是多种因素共同考虑。

在分析完后，弗洛伊德提出了性变态行为的共同特征：性冲动由多种元素构成，这些元素聚合到一起则是正常性行为，独行其道就形成性变态，而且性行为总是和羞耻感、厌恶感在做斗争，羞耻感、厌恶感甚至可以让一些变态行为消失。

然后，他的"口号"出现了。在各种理论被抛出来的过程中，弗洛伊德经常会来几句类似这样的格言体语句，犹如闪电划破长空，照亮无意识那糊里糊涂的黑夜。

他说，神经症是建立在性冲动能量的基础上的，他还特别强调，这可不是说性能量是神经症发病的某一个因素，而是最重要的病因，是神经症症状唯一的、持久的来源。（I must first explain—as I have already done in other writings—that all my experience shows that these psychoneuroses are based on sexual instinctual forces. By this I do not merely mean that the energy of the sexual instinct makes a contribution to the forces that maintain the pathological manifestations (the symptoms）. I mean expressly to assert that contribution is the most important and only constant source of energy of the neurosis and that in consequence the sexual life of the persons in question is expressed—whether exclusively or principally or only partly—in these symptoms.）

紧接着弗洛伊德又提出了，神经症患者的性心理保持了儿童的状态，这是他们生病的原因。就此他开启了这本书的第二部分——"幼儿性欲"。

他首先提出，大多数人认为幼儿没有性欲，这是错误的。这种错误的观念有两个来源：一是来自幻想，二是来自成人遗忘了幼儿期的性行为。

然后他详细论述了幼儿性心理发展的各个阶段，口唇期、肛门期、潜伏期等划分就来自这里。

这里有几点读者们要注意：

第一，弗洛伊德的心理发育分期，只到青春期就结束了，而且主要以5岁之前的讨论为主，所以会有"5岁定终生"的简略说法。但是弗洛伊德的"5岁定终生"，只能说是5岁之前的发展决定了性心理发育的"终生"，而不是智力、人格、主体、客体等方面都包括在内。5岁定性生活的"终生"有道理，5岁定人格的"终生"显然是夸大。

第二，有关心理发展的分期，有多种分类法，弗洛伊德的分类前后不一。比如有"口唇—肛门—第一生殖器期（俄狄浦斯期）—潜伏期—第二生殖器期（青春期）"这种分类法，也有

"口唇—肛门—阳具自恋—俄狄浦斯期—潜伏期—青春期"的分类法。而且即便在弗洛伊德活着的时候，也认为各种时期会彼此重叠，彼此影响，而不是说一个人一旦发展到俄狄浦斯期，就不会具有口唇期的心理特征了。

第三，在业界传说的弗洛伊德性心理学中，俄狄浦斯情结似乎是其理论的中心，但是在1905年初版的《性学三论》中，学者们却看不出俄狄浦斯情结的重要性，这种重要性是随着后期的发展，弗洛伊德不断通过脚注的方式，补上去的。（豪普特，2007）

故而，在此需要特别提请读者们注意此书的第三部分——"青春期变化"。

我认为，这一部分的理论到今天仍然有意义。不少父母、老师和青少年治疗师，居然不敢正视青少年是性心理发展高峰时期这一特点，错过了预防和早期干预的大好时机。

弗洛伊德特别提出教育心理学的建议——健康的性生活应该从娃娃抓起，应该从8岁起到青春期，家庭和学校教育中就树立生殖器性欲的主导地位。（This failure of the function of the sexual mechanism owing to fore-pleasure is best avoided if the primacy of the genitals too is adumbrated in childhood; and indeed things seem actually arranged to bring this about in the second half of childhood (from the age of eight to puberty.)

　　但是对性生活的关注，从吃奶时就要注意了，弗洛伊德认为，乳房是儿童性欲最早关注的对象，是所有情爱关系的原型。（At a time at which the first beginnings of sexual satisfaction are still linked with the taking of nourishment, the sexual instinct has a sexual object outside the infant's own body in the shape of his mother's breast...There are thus good reasons why a child sucking at his mother's breast has become the prototype of every relation of love. The finding of an object is in fact a refinding of it.）

　　而且孩子们会激活母亲们的性欲，母亲们在各种各样的抚摸、亲吻、摇晃的活动中，也会激活孩子们的性欲，弗洛伊德告诉母亲们，不必为此感到自责，因为母亲们育儿的天职，就是教会孩子们如何去爱，孩子们理应成为性欲旺盛的强壮能人，并且在生活中实现自己的本能需求。（She is only fulfilling her task in teaching the child to love. After all, he is meant to grow up into a strong and capable person with vigorous sexual needs and to accomplish during his life all the things that human beings are urged to do by their instincts. ）

同时弗洛伊德警告父母们，对子女的娇生惯养，会造成孩子们以后忍受不了孤独，没有爱就活不下去，或者只有强烈的爱才能让他们感到心满意足。

弗洛伊德说有病的父母才会娇惯子女，"格言体"再次出现——父母通过这种溺爱，把自己的神经症直接传染给了孩子，远胜过遗传的力量。（And on the other hand neuropathic parents, who are inclined as a rule to display excessive affection, are precisely those who are most likely by their caresses to arouse the child's disposition to neurotic illness. Incidentally, this example shows that there are ways more direct than inheritance by which neurotic parents can hand their disorder on to their children. ）

也许弗洛伊德也发现了自己的观点有些偏激，所以在总结时，他又回到了医学文本中常见的论述方式，四平八稳地总结了多种致病因素，包括体质遗传、早期经历、创伤等，比较类似于今天医学的"生物—社会—心理"三合一模式。

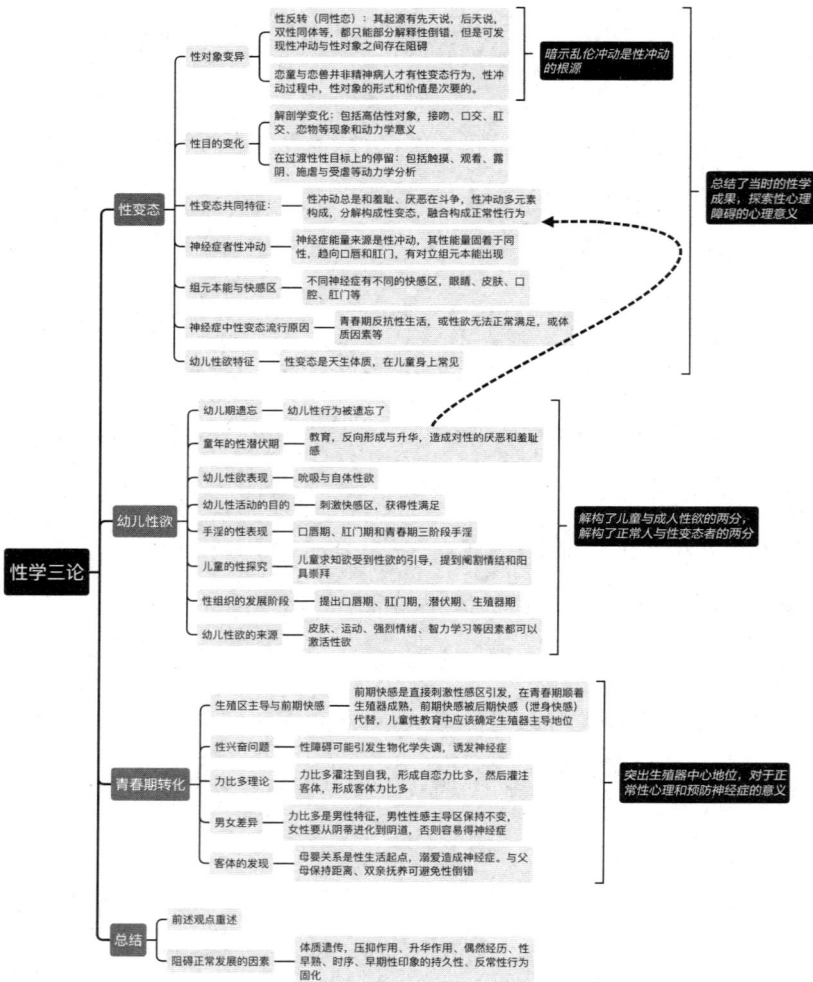

性学三论

性变态
- 性对象变异
  - 性反转（同性恋）：其起源有先天说，后天说、双性性同体等，都只能部分解释性倒错，但是可发现性冲动与性对象之间存在阻碍
  - 恋童与恋兽并非精神病人才有性变态行为，性冲动过程中，性对象的形式和价值是次要的
  - ▸ 暗示乱伦冲动是性冲动的根源
- 性目的的变化
  - 解剖学变化：包括高估性对象，接吻、口交、肛交、恋物等现象和动力学意义
  - 在过渡性性目标上的停留：包括触摸、观看、露阴、施虐与受虐等动力学分析
- 性变态共同特征：性冲动总是和羞耻、厌恶在斗争，性冲动多元素构成，分解构成性变态，融合构成正常性行为
- 神经症者性冲动：神经症能量来源是性冲动，其能量固着于同性，趋向口唇和肛门，有对立组元本能出现
- 组元本能与快感区：不同神经症有不同的快感区，眼睛、皮肤、口腔、肛门等
- 神经症中性变态流行原因：青春期反抗性生活，或性欲无法正常满足，或体质因素等
- 幼儿性欲特征：性变态是天生体质，在儿童身上常见
- ▸ 总结了当时的性学成果，探索性心理障碍的心理意义

幼儿性欲
- 幼儿期遗忘：幼儿性行为被遗忘了
- 童年的性潜伏期：教育，反向形成与升华，造成对性的厌恶和羞耻感
- 幼儿性欲表现：吮吸与自体性欲
- 幼儿性活动的目的：刺激快感区，获得性满足
- 手淫的表现：口唇期、肛门期和青春期三阶段手淫
- 儿童的性探究：儿童求知欲受到性欲的引导，提到阉割情结和阳具崇拜
- 性组织的发展阶段：提出口唇期、肛门期，潜伏期、生殖器期
- 幼儿性欲的来源：皮肤、运动、强烈情绪、智力学习等因素都可以激活性欲
- ▸ 解构了儿童与成人性欲的两分，解构了正常人与性变态者的两分

青春期转化
- 生殖区主导与前期快感：前期快感是直接刺激性感区引发，在青春期顺着生殖器成熟，前期快感被后期快感（泄身快感）代替，儿童性教育中应该确定生殖器主导地位
- 性兴奋问题：性障碍可能引发生化学失调，诱发神经症
- 力比多理论：力比多灌注到自我，形成自恋力比多，然后灌注客体，形成客体力比多
- 男女差异：力比多是男性性征，男性性感主导区保持不变，女性要从阴蒂进化到阴道，否则容易得神经症
- 客体的发现：母婴关系是性生活起点，溺爱造成神经症，与父母保持距离，双亲抚养可避免性倒错
- ▸ 突出生殖器中心地位，对于正常心理和预防神经症的意义

总结
- 前述观点重述
- 阻碍正常发展的因素：体质遗传，压抑作用、升华作用、偶然经历、性早熟、时序、早期印象的持久性、反常行为固化

《性学三论》思维导图

既然弗洛伊德名满天下，三十二次获得诺贝尔奖提名，《性学三论》又是其奠基之作，按照医学理论的正常发展途径，其后应该是朝着临床和科研两个方向发展。

在临床上，精神分析师应该打出招牌——专治各种性心理障碍——露阴癖、窥阴癖、易装癖、易性癖、性施虐、性受虐、恋物癖、恋兽癖、恋尸癖、恋童癖、恋老癖、性摩擦癖（frotteurism）、性欲减退、性交疼痛、性欲旺盛、心因性阳痿早泄等。

在科研上，应该是一方面做病理病因学研究，研究心理病变中究竟有多少性心理的因素，弗洛伊德到底说对了还是说错了；另一方面做疗效研究，看看上述那一长串性心理障碍在做精神分析治疗后效果究竟如何。

但实际情况是，在临床上，精神分析的培训班中，基本上就没有上述性心理障碍的专题培训，不少精神分析心理治疗师甚至连性生活问诊都羞于启齿。这让人不由得怀疑，弗洛伊德的后续者们，是不是弗洛伊德的敌人派来的间谍？

少数作者，如康伯格（Kernberg）等，虽然也论述过各种性心理障碍的治疗，但是要说发展到专门的治疗手册，做随机对照试验研究——那我们还不如寄希望于游走于江湖的医师们。

对于性心理发展的研究，当然也有一些，但是基本上也不是精神分析师们进行的，在精神分析对婴儿观察的文献中，我们惊奇地发现，通篇都是客体、自体、依恋关系，很少有对婴儿性欲的直接描述，除了利希滕贝格（Lichtenberg）等的少数研究和总结。

法国精神分析师格林（Green）不由得拍案而起，写了篇论文，题目是《精神分析和性欲还有啥关系吗》，拷问大家那堕落的灵魂，是否存在欺师叛祖的嫌疑？要知道，就连一向反对性欲理论的荣格派，也出了一本关于"性变态"的书啊。

《性学三论》的后续研究，同样是"门庭冷落车马稀"。我搜索了众多数据库，总共才找到九篇论文和一本书，而且将近一半以上的作品都出自一个叫奥特（Haute）的哲学家。

总体上看来，这些论文集中于两个方向，一个方向是弗洛伊德的性欲理论的革命意义，以及对西方社会的影响；另一个方向是性欲和客体的关系。

首先，说说性欲理论的革命意义——

欧洲当时正在酝酿一场性革命，不仅仅弗洛伊德一个人在研究性变态，把性变态当作人类本性，这是欧洲人性爱观的一次重大转变。当时不少人认为性变态是性激素不足或者过剩引发的，而弗洛伊德只是部分赞同这种生物学理论，他提出了众多性变态行为的发展和后天心理发展的密切联系，尤其是同性恋，并不被认为是完全天生的。（Davidson，1987；Flax，2004）

弗洛伊德的性爱观，解构了"正常性行为"和"异常性行为"的二元对立，遥相呼应日后福柯的医学话语哲学。人性，在精神分析里，被解构为"有病的动物"，弗洛伊德用的是性变态模型，克莱因使用的是"躁狂—抑郁症"模型，拉康用的是偏执狂模型，这样他们的理论可以形成一种新的临床人类学理论。（Haute，2006，2009，2013，2016a，2016b，2017）

其次，说说性欲和客体的关系——

显然，精神分析的主流历史，是客体关系替代了性欲理论。但是，始作俑者，也还是弗洛伊德本人，前文已经介绍过他那东飘西走的文风，《性学三论》是个典型，它开篇是医学论文的问题，写着写着变成鲁迅体杂文，最后居然成了哲学反思和教育学呼吁了。

而性欲，在其文章的各个版本中，一会儿好像是纯粹的生物学本能，一会儿又好像是指向客体的一种心理能量。一头雾水的学者们不得不启用一种防御机制，叫作"看不懂怪翻译"，翻出了德文原文，说是英文翻译者翻译错了，这个机制用过度了，逼得英文标准版的翻译用了另外一种防御对抗，叫作"这是老爷子恩准的"，在英文标准版的广告词上醒目地标注——这是唯一一套弗洛伊德本人亲自审查过的版本，所以叫作"标准版"，事实是显然的，标准版的编辑团队中有几个人就是德国人，包括弗洛伊德的女儿安娜，美国人说德国人德语不好，是不是二战留下的创伤还没有结疤？（Person，2005；Haute，2017）

"客体"这个词，最早就出现在《性学三论》中，当代的一些研究也发现，婴儿的皮肤性欲也是一开始就和客体相联系的。康伯格提出，力比多是一种心理意义上的驱力，而不是生物学意义上的本能，科胡特（Kohut）也提到过，性爱成瘾可能是用来防御自体崩解的。（Person，2005）弗洛伊德的观点，有一部分是建立在达尔文生物学基础上的，认为性变态是用来防御一种生物本能的发展，也就是俄狄浦斯情结的正常发展，而从客体关系角度来看，则倾向于认为它是防御客体关系的。性别身份认同，也更多地被看作社会建构，就像克莱因提出的抑郁心态和偏执—分裂心态，人们可以终生多次造访这些心态，多种性身份认同共存。（Parsons，2000）

这场纷争的起源，在熟读易经辩证法和熟背辩证唯物主义的中国人看来，简直不可思议——他们居然在争论性欲究竟是一种本能还是客体关系——我们中国人简直不用考虑，性欲和客体难道可以二元对立、水火不融吗？

《信心铭》中说："欲知两段，元是一空。一空同两，齐含万象。……一切二边，良有斟酌。"

毛泽东同志，1937年在《论矛盾》中说："矛盾存在于一切客观事物和主观思维的过程中，矛盾贯串于一切过程的始终，这是矛盾的普遍性和绝对性。矛盾著的事物及其每一个侧面各有其特点，这是矛盾的特殊性和相对性。矛盾著的事物依一定的条件有同一性，因此能够共居于一个统一体中，又能够互相转化到相反的方面去，这又是矛盾的特殊性和相对性。"

1937年，弗洛伊德时年80岁，正在写《可终结和不可终结的分析》，他的敌人和朋友阿德勒死在他前头；他的朋友、曾经的美女莎乐美死了，让他很伤心。

他还没有准备好，一年后他将会如一只白头仙鹤般飞离故乡——因纳粹极权的寒冬——他将降落在伦敦那散发稻香的池塘，鳣鲔鳇鲤，众多饶有，度过他生命的最后一年。

老年之死，被雅称为"驾鹤西游"，素笔玄墨，勾勒苍白挽联，情人的皓齿明眸，父亲那鹤发松姿，袅袅飘散于天青色烟雨中。

性欲和客体的非二元见地，一直到七十九年后的2016年，才由以色列精神分析师布拉斯（Blass）明确提出来，她提出客体和性欲的冲突是人性的本质，不能把本能性欲简化还原为客体。（Blass，2016）

非二元见地，则一直是荣格的思维模式，福斯也注意到了荣格对弗洛伊德的影响，他考察了弗洛伊德在1914年《性学三论》第三版的前言，发现它和同年发表的另外两篇文章《论自恋》和《精神分析运动历史》，有内在的逻辑联系，一方面弗洛伊德向荣格看齐，提出了非性化的本能观点；另一方面，性本能又被弗洛伊德神圣化和全面化，类似于荣格所说的自性化本能。（注：弗洛伊德和荣格的理论，在很长一段时期内，一直存在此消彼长、相互竞争又相互吸收的关系。）

在我看来，性欲理论被客体理论代替，还有如下三个方面的原因：

第一，精神分析的个案群体发生了变化。弗洛伊德本来面对的个案群体是维也纳的中产阶级，主要是在弗洛伊德为代表的个人诊所中进行治疗的人群。二战后期精神分析的重心转移到了英国伦敦，进入了精神病院，对象人群变成了精神分裂症患者、严重人格障碍者、战争创伤的儿童等。这一类个案的主要心理病变，并不是性欲问题，而是客体关系问题。随着他们客体关系的修复，直到治疗中期，才出现性欲的问题。比如在移情焦点治疗中，性的问题也是放到治疗中期后段才开始的。（伊利·扎列茨基&季广茂.2013）

第二，精神分析在二战后的根据地——英国和美国，在性欲问题上都是保守的，尤其是在中产阶层和富贵阶层，他们对弗洛伊德的性欲说比较反感。精神分析也不得不为英国而改变。有个分析师写了篇论文，探索这种文化气候，《不要说性，拜托，我们是英国人：英国和法国精神分析中的性欲》（Harding，C.2001）

第三，性解放。性心理障碍，已经面临逐渐被精神病学诊断系统排除的境地，不再列入精神医学治疗的对象中。最典型的就是，"同性恋"在1980年代被踢出。

当然，弗洛伊德的后人们，也不是完全对性欲三缄其口，也有继承者们。

值得关注的人物之一是大卫·萨夫（David Scharff），他整合了依恋理论、客体关系和弗洛伊德的性欲理论，提出客体关系会被投射到各个性感带，形成各式各样的性生活困难，在临床技术上，也及时引入了行为主义的性治疗和家庭治疗的其他技术，非常实用。他本人也热心于在中国教学和培训，十数年如一日地帮助中国同行，让人感动。（大卫·萨夫，李迎潮&闻锦玉，2009；David E.Scharff，&Jill Savege Scharff，2011）

另外一个值得关注的人是康伯格，他提出成熟性爱的"诊断标准"，包括三点：（1）能够把性欲区的生理冲动整合，建立起完整的客体关系；（2）这种性欲是全面的性愉悦，既包括婴儿的抚摸触觉快感，也包括各种各样的性别身份认同；（3）成熟的性爱价值观，具有个体化的性爱道德观及性爱道德理想，并且认同此理想。

和成熟性爱的三点相对应的是性爱成熟度五级别——

级别一，社交孤立的自恋者，仅仅在混乱的、性倒错的手淫幻想中可以建立关系，其建立爱情关系能力最低下；

级别二，具有性乱行为的自恋者；

级别三，具有混乱的、多种性倒错行为的边缘患者；

级别四，具有多种性禁忌，有受虐倾向的爱情关系的神经症患者；

级别五，能够把生殖冲动转化为温柔和建立稳定、深刻爱情关系的成熟者。（Kernberg，1974a，1974b，1980）

这些标准对于临床工作，有非常好的指导作用和预后评估作用。

康伯格也多次访问中国，并且和康宁集团下属的杭州怡宁人格研究所建立了培训合作关系。

在中国培训期间，他惊奇地发现，中国的治疗师们居然认为二十多岁的女青年没有手淫、没有性生活是正常的，尤其让他奇怪的是，同行们也羞涩地犹如情窦初开的大姑娘一样，不问性生活历史。

来中国培训的德国老师们，也发现了同样的问题，他们同样叹为观止地发现，一群中老年红男绿女，居然在公众场所眉来眼去，打情骂俏，说黄色笑话……

《易经》中观卦，有一个文化哲学原理——"观其生而知反观我生，故能观国之光，观天下之治乱"。

通过观察他人的性爱观，我们能够更好地理解自己的性爱观。在进入下一部分，反思我国当代性爱观之前，我们首先需要理解西方当代的性爱观变迁。

欧洲在弗洛伊德时代之所以追求奔放的性自由，是对欧洲中世纪僧侣式性道德的革命。这种性爱婚姻观带有强大的欧洲文化基因，可以叫作"白中基"——白人、中产阶级、基督教。

它的要义有以下几条：

（1）家庭关系的核心是夫妻关系，因为夫妻关系是神赐予的，具有神圣意义；

（2）丈夫和妻子的肉体，以及性爱本身，也同样具有神圣意义，因为人类的肉体是照着神的形象塑造的；

（3）联结夫妻关系的基石，是共同信仰（三观一致），而非财产、美貌等。

（4）上帝作为神圣信仰的人格代表，是夫妻关系中的神圣第三者。无论小三、公婆还是岳父岳母，都没法替代上帝的位置。

（5）婚外恋、离婚、通奸都是对这种神圣性爱观的攻击和破坏，要遭受极为严重的道德惩罚；

（6）人们应该把性爱婚恋当作一种终身修行活动。夫妻关系中最重要的是神圣之爱，温柔之爱。康伯格甚至引用了性学研究，反驳中老年夫妻就审美疲劳、性欲下降这种说法。（Kernberg，2012）

（7）正因为婚姻是性爱合一、灵肉合一的，所以一旦发生婚外恋、嫖娼等出轨行为，出轨者应该感到内疚，而不是仅仅觉得羞耻，不让别人知道就没事了，夫妻治疗师会鼓励出轨者坦诚忏悔，同时鼓励另外一方宽恕、原谅自己的配偶。

"白中基"性爱婚姻观随着婚恋家庭心理咨询界进入当代中国，它的移植效果如何呢？

一方面当然是有很好的效果。但另一方面，也让人思索，比如说有本婚姻自助书籍叫作《外遇，可宽恕的罪》，我推荐给来访者看，她泪如雨下，在她的原生家族中，从来没有宽恕这个概念，父辈们外遇都是拼命隐瞒，用钱堵嘴，而母亲们都是一辈子不依不饶，在怨恨中走向坟墓。

对于中国的治疗师和来访者来说，反思性爱观的变迁是不可回避的历史责任，就像弗洛伊德当时不得不面对这个任务一样。

那么我们究竟应该怎么办呢？

我想，对于意图建立婚姻家庭、养儿育女的人群来说，拥抱吸收"白中基"性爱婚姻观，是现代城市公民不可跨越的一步，当然，"白中基"也必须和儒家遗留的家庭主义、集体主义、权威主义的文化根基整合。道家和佛教的超越性和基督教的神性主义，可以共同铸就守护婚姻的神圣第三者。道教的养生医学、丰富的性爱技能，则可以很好地补充"白中基"中被忽略的肉体愉悦感，奠定婚姻的性爱基础。

对于另外一个日益庞大的"剩男剩女"群体，其实他们大部分都是优质青年，是独身主义者，但是他们自己不知道自己是独身主义者，只好用"宅男""剩女"等各种名称来污名化自己，他们需要的是拥抱自由主义、灵性运动，理直气壮地树立自己的独身主义性爱观，而不是首先伪装自己是个失败的成家主义者，或者随便找个人结婚育儿，最后在十多年后离婚，造成人生悲剧。直男走直男的阳光道，弯女走弯女的独木桥。大路朝天，各走一边，心灵自由者，没有必要看到对立面就冒邪火。

对于学校和家庭教育层面，也许比较成立的是——

我们首先要确认"性欲"在人生中不可或缺的地位，它必须被看到、被反思；其次要民主地讨论，在性欲多元化、无中心的中国社会，什么样的性爱婚恋观是理想的，什么样的性禁忌是不可触碰的底线。

而作为心理咨询师，也应该勇敢地承担起自己建构社会文化的历史责任。我们需要不断反思、评点、导读古往今来的各种性爱婚姻观。

弗洛伊德当然就是我们必经的起点。这个工作才刚刚开始，我们还有很多任务要完成，所以此文把标准版全部集中起来，弗洛伊德从1898年到1940年的所有篇目列为附录，期待有心人开展这方面的工作。

从性压抑到性解放，这是性革命的初级阶段，弗洛伊德的性理论也只是和这个初级阶段配套的。性解放必然会由约炮式的性放纵，演化到做爱的男女们，从性爱中发现"肉身愉悦"的存在主义的深意，肉身愉悦从单纯的本能堆积紧张释放，变化为两情相悦的客体依恋，再领悟到客体和自体的有无相生，从而达至与宇宙万物、黄花青草的感应道交，无性之性，无爱之爱。儒家所颂扬的君子之德，也可以在占据阳具之位的同时，不必然造成性欲阉割。康伯格等倡导的"白中基"性爱婚姻观与儒家接壤，会不会创造出一对对既有君子贤妻之德，又有自由温柔性爱的夫妻？这会不会是一场后续的、正在静悄悄潜伏的性革命，把之前被革掉的性爱之神又革了回来？

附 录

List of Writings by Freud Dealing with Sexuality

James Strachey

1898. *Sexuality in the Aetiology of the Neuroses.*

1905 *Three Essays on the Theory of Sexuality.*

1906. *My Views on the Part Played by Sexuality in the Aetiology of the Neuroses.*

1907. *The Sexual Enlightenment of Children.*

1908a. *Character and Anal Erotism.*

1908b. *On the Sexual Theories of Children.*

1908c. *"Civilized" Sexual Ethics and Modern Nervous Sickness.*

1910a. *Five Lectures on Psycho-Analysis, Lecture IV.*

1910b. *Leonardo da Vinci, Chapter III.*

1910c. *A Special Type of Choice of Object made by Men.*

1912a. *On the Universal Tendency to Debasement in the Sphere of Love.*

1912b. *Contributions to a Discussion of Masturbation.*

1913a. *The Predisposition to Obsessional Neurosis.*

1913b. *The Claims of Psycho-Analysis to Scientific Interest, Part II (C).*

1913c. *Preface to Bourke's Scatologic Rites of All Nations.*

1914. *On Narcissism: an Introduction.*

1916-17. *Introductory Lectures on Psycho-Analysis, Lectures XX, XXI, XXII and XXVI.*

1917. *On the Transformation of Instincts, with Special Reference to Anal Erotism.*

1918. *The Taboo of Virginity.*

1919. *A Child is Being Beaten.*

1920. *The Psychogenesis of a Case of Female Homosexuality.*

1922. *Some Neurotic Mechanisms in Jealousy,*

Paranoia, and Homosexuality, Section C.

1923a. *Two Encyclopaedia Articles: (2) The Libido Theory.*

1923b. *The Infantile Genital Organization of the Libido.*

1924a. *The Economic Problem of Masochism.*

1924b. *The Dissolution of the Oedipus Complex.*

1925. *Some Psychological Consequences of the Anatomical Distinction between the Sexes.*

1927. *Fetishism.*

1931a. *Libidinal Types.*

1931b. *Female Sexuality.*

1933. *New Introductory Lectures on Psycho-Analysis, Lectures XXXII and XXIII.*

1940a[1938]. *An Outline of Psycho-Analysis, Chapters III and VII.*

1940b[1938]. *Splitting of the Ego in the Process of Defence.*

（注：以上均为弗洛伊德于1898—1940年间发表的性学相关的文章和论著）

原版序

世界上的烽烟战火逐渐消散，但全世界对精神分析研究的兴趣却越来越浓。我一方面欣慰，却也忧心不是许多观点和研究都让大家青睐与接受。

精神分析学说中，"纯粹心理学"方面的创造与发现，如潜意识、压抑作用、致病的矛盾与冲突、疾病的益处、症状形成的机制等，日渐得到人们的认可，甚至连以往不接受的人们也逐渐重视。但与生物学相关的学说，即这本书所包含的要义——"性学"却一再引起争议，甚至部分曾埋首研究精神分析的人将之扬弃，转而以其他路径来定义"性因素"，来阐释在正常和病态的精神生活中所引发的作用。

尽管情况如此，我依旧坚信同样源自细致客观观察的"性学"，与"纯粹心理学"一样接近事实的真相，虽然依然需要通过不断的论证回溯，或者一再的事实检验。不过世人有如此大相径庭的反应，本身也不难解释。首先，只有那些拥有足够耐心和学识精湛的人，才能将分析深入到被观察者早年的生活之中，从而证实我提出的人类性生活本源的说法。但是，医学治疗往往要求迅速见效，这也就使得"性学"理论在短时间内被大众接受的可能性大大降低。同时，只有那些拥有精神分析理论基础的医师才具备相关的素养，从而能不受自身喜恶和偏见的影响，做出专业的判断。

有些人抵制精神分析学说，最主要的理由乃是因为本书强调"性"的重要，他们不同意人类一切行为意义都与性有关，并批判精神分析学说是一种"泛性主义"，指责它将一切都用"性"来解释。但人为了维护自己的情感，在情感作用下常常混淆是非，选择遗忘或者扭曲，于是便"震惊"于这样的说法，从而抵制。其实很久以前，哲学家叔本华就曾指出："性冲动决定人们的行为和追求。"他所说的"性冲动"难道就不是我们一般意义上理解的性冲动吗？这句发人深省的警示依旧烙印在我们心上。

至于性学概念的延伸，这是在分析孩童和所谓的"性变态"现象时所不可避免的。（如果人们早就学会观察孩童，那我也就根本不必再去写这些文章了）最后，我想那些自以为"高高在上、对精神分析大肆批判"的人，都可以再试着沉淀与沉默一番，因为学说里所扩展的性学观念，和哲人柏拉图所说的那种纯洁无垢的"爱"，何其相似。

西格蒙德·弗洛伊德　维也纳，1920年5月

目　录

《性学三论》

　　公众对性冲动的本质和特征存有特定的偏见。人们普遍认为，性冲动在童年时期并不存在，而是伴随着年龄增长，在青春期逐渐出现的。在性冲动的作用下，人们难以抗拒来自异性的吸引，从而被迫向着实现两性交合的目标努力，或是做出一些导向两性交合的过渡行为。

第一章

人人都有点
"性变态"[1]

（Die sexuellen Abirrungen）

在生物学的范畴中，时常用"性欲"（Geschlechtstriebs）一词来代指人和动物的生理需求。这种用词其实套用于"食欲"的概念。饥饿引发食欲，但我们的日常用语中却没有相应的词语可以形容生理上的饥饿；在学术界，类似的性饥渴则被称为"力比多"（Libido）[2] 或"原欲"。

公众对性冲动的本质和特征存有特定的偏见。人们普遍认为，性冲动在童年时期并不存在，而是伴随着年龄增长，在青春期逐渐出现的。在性冲动的作用下，人们难以抗拒来自异性的吸引，从而被迫向着实现两性交合的目标努力，或是做出一些导向两性交合的

1　第一篇文章所引述的事实来自冯克拉夫特-埃宾（v.Krafft-Ebing）、摩尔（Moll）、莫比乌斯（Moebius）、哈夫洛克·霭理士（Havelock Ellis）、冯史莱克-诺金（v.Schrenck-Notzing）、吕文费尔德（L.wenfeld）、欧伦贝格（Eulenberg）、I.布洛赫（I.Bloch）、M.希尔施费尔德（M.Hirschfeld）等人的论文，以及希尔施费尔德所主编的《性中间形态研究年鉴》。由于本文中还引用了其他一些相关文献，上述作者的观点出处就不再逐一注明。文中提到的精神分析研究所得出的不同观点，来自于I.萨德格（I.Sadger）和本人的观察。

2　德语之中唯一一个适当的词也许是Lust，但它兼具欲望和满足的含义，用在此处有些过于笼统。

过渡行为。

　　不过我们有着充足的证据，表明这种说法其实与事实并不相符，只要稍加推敲，就可以发现这种说法偏颇、武断，且漏洞百出。

　　在此，我们有必要先引入两个概念：代表着性吸引来源的人，称之为"性对象"（Sexualobjekt）；性冲动所竭力达成的行为，称之为"性目标"（Sexualziel）。

　　科学研究发现，在"性对象"和"性目标"这两方面，都存在一些偏离常态的变态现象。这些现象与人们所认可的常态有着什么样的联系？这是一个亟待研究的课题。

1

变动的性对象

流行的性冲动理论，简直就是一则如诗般的完美童话："全人类被分为男人和女人，两者在爱中寻求结合，直到再次融为一体。"因此，如果说有些男人的性对象不是女人而是男人，或者有些女人的性对象不是男人而是女人，童话便失色变调，宛若不洁。而这些未循童话、性对象为同性别的人，我们称之为"同性恋者"，或者换种更好的说法是"性倒错者"，这种现象则被称为"性倒错"（Inversion）。尽管要统计这类人群的具体数量依旧困难重重，但可以肯定，这绝对是一个惊人的数字。[1]

---

[1] 对这类人群进行数量统计极其困难，参见 M.希尔施费尔德于1904年发表在《性中间形态研究年鉴》上的文章。

　　一个男性性倒错者就像一个着了魔的女人，他会倾慕男性的身体和思维，像一个女人一样寻求男人的爱怜。

性倒错（Inversion）

（1）性倒错的行为表现

α　完全性倒错者

简言之，他们的性对象只能是同性人群，异性人群不但不能成为他们的性对象，还会使他们感到索然无趣，甚至产生性厌恶。对于男性性倒错者来说，这种厌恶感将使得他们无法完成正常的性行为，或者在正常性行为发生的过程中无法感受到任何乐趣。

β　双栖性倒错者（性心理上表现为雌雄同体）

他们的性对象既可以是同性，也可以是异性。这种性倒错不具有排他性。

γ　偶然性倒错者

这类人仅在特定的条件下，如正常的性对象难以企及（如军队、女校、监狱），或无法模仿正常的性行为时，才将同性列为性对象，并在与同性的性行为中获得满足。

上面所说的三种性倒错人群，有着截然不同的行为表现。同样，性倒错者对自身区别于一般的性冲动也有着不同的看法：有些人视性倒错为理所当然，认为其与正常人的性欲并无区别，因此也就强烈主张将其与正常的性冲动平等对待；另一些人则排斥自己的性倒错，将其视作一种病态的行为。[1]

1　一个人对性变态这种强迫症行为的反抗强度，取决于其受暗示治疗或者精神分析的影响程度。

性倒错现象出现的时间点也因人而异。有些人的性倒错行为与生俱来，有些人则是到了青春期前后的某个特定时段，才发觉了自己的性倒错倾向。[1] 性倒错伴随部分人一生，但也可能在某些时间段消失，或是作为性发育的一个正常阶段出现，甚至，还可能突然出现在性取向长期正常的人身上。还有些是在正常的和倒错的性对象之间游离，难以认定，这在临床上都有观察和记载。更有趣的是，在一些案例中，性倒错者是在与正常性对象的一次不愉快经历后，才开始出现性倒错行为的。

一般而言，这些不同类型的行为表现之间并无联系。只有在最极端案例中，性倒错者才会周期性地认为自己的性倒错行为由来已久，将其看作是自身不可或缺的一部分。

许多学者不愿将这几种性倒错的情况看作是一个整体，他们强调且区别这些情况的差异，而不愿意突出它们的共性，根本原因是这些人对性倒错存有偏见。但可以肯定的是，无论用什么方法去区分性倒错现象，大多数人都徘徊于性正常和性倒错之间，因此也没有必要具体细分性倒错在各个阶段的表现。

（2）性倒错的本质

有些评论认为，性倒错是神经变异的先天表现。这样一来，以

1　许多学者都特别强调，性倒错者在自传里对自身性倒错倾向出现时间的描述是不可靠的，因为他们的记忆受大环境的异性恋倾向所压抑。精神分析对一些案例的研究也证实此点，它填补了案例中幼年所遗忘的事情，从而完善了案例的既往史。

往医务工作者在精神病患者或类精神病患者身上观察到性倒错现象，也就不难解释了。这种看法包含了两种说法："变异性"和"先天性"，我们需要对它们分别做出评判。

A. 变异性（Degeneration）

"变异"这个词经常被滥用，因此也常常为人所诟病。只要不是创伤或感染所引起的疾病，过去总是将其归咎于变异。从雅克·马格南（Jacques Magnan）对变异现象的分类来看，就连最高级的神经活动也和变异有关。在这种情况下，不禁想问："变异"还有着什么样的用途和新的内涵？"变异"这个词，尤其不适用于以下两类情景：

I. 没有太多偏离常态的行为发生时；

II. 工作和生存等一般能力没有受到严重损伤时。[1]

由此可推断，性倒错者并非变异而来，以下事实都能佐证此推断：

I. 在一些并没有太多异常行为的人身上，也可以观察到性倒错现象；

II. 同样的现象也出现在那些正常能力分毫未损，甚至还有着极高的心智发展和道德文化成就的人身上。

_____

1　莫比乌斯在1900年出版的《论变异——精神生活的边缘问题》一书中论述了变异现象临床诊断时的保留条件，指出其临床意义并不大。他说："就我们所讨论过的变异现象来说，我们可以观察到对此做出诊断并没有太大的实际价值。"

不看临床经历，而是从历史文明的角度来看待，以下两方面的事实也足以否定性倒错是变异而来的说法：

I. 性倒错十分常见，它总会在古老氏族的文明发展到一定高度时出现，并具有很重要的功能意义；

II. 性倒错在许多原始部落中也极为普遍。而"变异"这一概念通常只适用于高等文明（I.布洛赫），即使在欧洲的文明社会中，气候和人种的不同，都能对性倒错的分布和评判有着极强的影响。[1]

B. 先天性（Angeborensein）

显然，只有 α 型的完全性倒错人群才谈得上先天性，它主要表现为性倒错者自身从未在人生的任何阶段有过其他的性冲动取向。而另两种人群，尤其是 γ 型的性倒错现象，很难用先天性去解释。因此，持先天性观点的人们倾向于将完全性倒错人群与其他两类人群区分开来，也同时导致人们在性倒错这个问题上缺乏统一的认识。按照这些人的说法，性倒错在某些案例中是天生的，而在另外某些案例中则可能通过其他的方式产生。

持反对观点的人们则认为，性倒错是后天习得的性冲动。他们的理由是：

I. 许多性倒错者（也包括部分完全性倒错者）都有早年遭遇强烈的性印象所留下的记忆，其同性恋倾向正是这些经历持续发展的

1　从前人们认为性倒错是一种病态，现在则多认为其是一种人类学现象。这主要得归功于I.布洛赫的努力，他发表于《心理性性疾病病源学文集》（1902年第3卷第2册）的文章，有力地论证了古代文化中存在性倒错现象。

结果；

II. 在其他许多性倒错者身上，也能观察到来自外在环境的影响（如同性之间的长期排他性交往、战争时的共同相处、狱中的因禁、对同性性交危害的认识、禁欲及性软弱等），这些外在因素或许会对性倒错推波助澜，或许也会成为其阻力，但不论早晚，都稳固了性倒错的存在；

III. 性倒错可以通过催眠暗示消除，这对于先天性来说几乎是不可能的。

从这个角度看，先天性性倒错的说法就有许多疑难论点了。反对者认为，如果进一步测试先天性性倒错案例，也许会发现这类性倒错者的"力比多"[1]发展方向其实是由其过去孩提时期的经历所决定的（哈夫洛克·霭理士）。这些经历并不一定存在于性倒错者的意识中，但在具备特定条件的情况下，这些经历的记忆又会重新被唤醒。所以他们认为，性倒错是性冲动的一种常态变形，它由个体生活中所受到的一系列外在影响所决定。

这种观点看似完整合理，却仍然无法解释全部事件，比如研究证实，许多人都曾受到诱奸、相互自慰等所谓外在的性影响，而这类性影响也的确发生在孩提时期，但他们并没有成为性倒错者。因此，人们不由得猜测：先天生成和后天习得这两个选项还不足以概

1　Libido，"力比多"是我在1905年最初版本中提出的概念，泛指一切身体器官的快感，包括性倒错者和儿童的性生活。"力比多"是一种本能，是一种力量，是人的心理现象发生的驱动力。

括一切的性倒错关系。

（3）对性倒错的解释

无论是先天还是后天，都无法完全阐明性倒错的本质。性倒错如果是与生俱来的，就必须说明什么是先天形成，而非仅仅将一个人的性冲动视为天生的，就将其与特定的性对象联系在一起，如此解释未免太过粗糙；如果是后天影响的，我们就不禁要问，各种外在因素是否真的如此强大，足以使性倒错形成，且不受到个体反抗因素的影响？在上文中，我们已经证明忽视个体因素的研究，也是不可尽信的。

（4）双性理论的引入

为了探究性倒错成因，弗兰克·李兹顿（Frank Lydstone）、奇尔南（Kiernan）和柴瓦里尔（Chevalier）等人再次颠覆传统的观念，发表了一系列的新思想。

人们通常认为，一个人的性别非男即女，但学界发现，在某些案例中，有些人的性征十分模糊，即使是从解剖学的角度也很难判定其性别。这些人同时具有男性和女性的性器官（阴阳人），在部分极端情况下，两种性器官皆充分发育（真性阴阳人），而更常见的情况是两种性器官都发育不全。[1]

1　请参见特劳菲（Trauffi）关于生理性雌雄同体的著作《雌雄同体与生殖性无能》（该书德文版1903年由R.图尔舍翻译出版）以及诺伊格鲍尔（Neugebauer）发表在《性中间形态研究年鉴》上的多篇文章。

　　这种一反常态的现象，推进了我们对正常发育现象的理解。从解剖学的眼光来看，一定程度的雌雄同体是很正常的。在每一个正常的男人或女人身上，都可以找到异性器官的残留，它们或者成为多余的残存器官，或者发生转变，承担起了其他功能。

　　这些为人所知的解剖学知识告诉我们，人类在发育早期其实是双性的，不过在进化的过程中，其中一种性别强势发展，而退化的另一性别则只留下了少许痕迹。

　　如果将这一观念引入心理学领域，那各种性倒错都可以被视作心理上雌雄同体的表现，只需找出心理上和生理上的雌雄同体之间的对应关系，即可证实这一点。

　　遗憾的是，这一假设很快就落空了。人们预想中的心理上的雌雄同体与可以被证实的生理上的雌雄同体之间并没有紧密的联系。在性倒错者的身上，常常可以发现性欲不振（哈夫洛克·霭理士）乃至轻微的性器官退化现象。这些现象虽然常常出现，但没有规律可循，也绝非必然。于是人们意识到：性倒错和生理上的雌雄同体，整体上是相互独立的。

　　此外，有些人还十分重视第二性征和第三性征的发展，并强调它们在性倒错者身上频繁出现的事实（哈夫洛克·霭理士）。这当然有一定道理，但我们不该忘记第二性征和第三性征本来就很容易在每个人身上出现。虽然它们是雌雄同体的标志，却并没有像性倒错那样使一个人的性对象发生改变。

如果因为性对象的倒错，一个人的精神气质，如性冲动和性别性格也相应发生转变，那或许就能印证心理上和生理上一样也存在着雌雄同体。但遗憾的是，符合这种情况的性格转变仅体现在少数女性身上，男性的阳刚性格则丝毫不受性倒错的影响。如果要坚持心理上的雌雄同体这种观点，就必须证明其在不同层面上，生理上的雌雄同体和心理上的雌雄同体彼此最多只能产生微弱的影响。哈尔班（Halban）便认为，一个人在退化的性器官及第二性征之间，并没有太多的联系。[1]

曾有一位男性性倒错研究者对双性理论做出了通俗的解释，认为这就如同是"男人的身体配上一个女人的脑袋"。只不过，我们并不知道"女人的脑袋"里到底装着什么，用解剖学观点去解答心理学问题，这种做法既无效也不妥。在这一点上，冯克拉夫特-埃宾（v. Krafft-Ebing）似乎比乌尔里希（Ulrich）的解释要更准确一些，但两者本质上并无太多差异。

冯克拉夫特-埃宾认为，雌雄同体除了表现在性器官外，还会在个体身上发展成男女两个大脑中枢。在进入青春期后，这两个中枢在相互独立的性腺的作用下开始发育。但男女两个大脑中枢的说法其实与男女两个大脑的说法并不相悖，而且也无法证实大脑中是

1　哈尔班：《性征的出现》。载于《妇科学档案》第70卷，1903年。

否真的存有类似于语言中枢一般能控制性功能的中枢区域。[1]

综览上述论证，我们可以确定两点：

一是性倒错者身上也有双性特征，但除了一些解剖学上的猜测，我们并不知道这到底有着什么样的意义；

二是性倒错其实是性冲动正常发展受到阻碍的结果。

（5）性倒错者的性对象

心理上的雌雄同体理论认为，性倒错者的性对象与正常人的性对象恰恰相反。一个男性性倒错者就像一个着了魔的女人，他会倾慕男性的身体和思维，像一个女人一样寻求男人的爱怜。

这种说法虽具有一定的代表性，却依旧不能概括性倒错者的全部特征。好比许多男性性倒错者身上依然保留着男性的心理特征，他们本身没有太多异性的第二性征，甚至更愿意在性对象身上

1　根据《性中间形态研究年鉴》上的记载，E.格雷（E.Glay）才是第一个主张使用双性理论解释性倒错的人。有趣的是，根据柴瓦里尔的说法，绝大多数认同这种观点的人，也会将它扩展应用到正常人身上，将性倒错视作正常发展受到阻碍的结果。冯克拉夫特–埃宾在做了许多观察之后说："由此可见，至少（受到压迫的）第二性神经中枢仍然存在于大脑之中。"奥杜因博士（Dr.Auduin）认为："每个人身上都有男性与女性的成分，只不过其中一种成分明显强过另一种，这才使我们得以判断一个人的性别。当然，前提是这个人是一个异性恋者……"G.赫尔曼（G.Herman）则坚定地认为："每个女人身上都有男人的元素和特征，反之亦然。"1906年，W.佛里斯（W.Fließ）曾声称双性理论是由其首创的。而在非专业领域，人们多认为双性理论是刚刚去世的哲学家O.魏宁格（O.Weininger）的功劳。其在1903年出版的《性别与特征》一书尽管落笔草率，却已经有了双性理论的观点作为依据。但根据上文的论述，我们可以观察到这两种说法都站不住脚。

找寻女性的心理特征。

因此，如果不是这样的话，那就很难解释为什么无论是今天还是过去，一些专为男性性倒错者服务的男性性工作者，从里到外都要模仿女性的穿着和举止。一如古希腊文化里最强壮的人常常也是性倒错者，他们喜欢某个男孩，显然并不是因为其身上的男性特征，而是因为他长得像女性，身上也具有部分女性气质。他的害羞、拘谨、无知和娇弱，点燃了这些壮汉的爱欲。然而一旦这个男孩长大成人，他就不再是壮汉的性对象，自己反而会成为恋童癖者。

在这种情况下，这些男性性倒错者的性对象并非纯然同性，而更像是两性的结合，是性倒错者对男性和女性的爱慕相互妥协的产物。但有一个条件不可改变，就是其性对象必须具有男性的身体（性器官），从而与他们自身的双性倾向相互对应。

虽然精神分析研究还未能完全解释性倒错的成因，但它已经发现了性倒错的心理机制，对相关问题的解决做出了很大的贡献。在所研究过的男性性倒错案例中，在其童年的最初岁月里，都曾对女人（通常是自己的母亲）有着相当程度的依赖。在克服这种依赖之后，他们开始把自己看作一个女人，将自己男性的身体看作自己的性对象。正是由于这种自恋情结的存在，他们开始寻找与自己类似的青年男子，希望他们能像母亲一样爱自己。

此外，我们还经常发现那些有性倒错的男性并非对女性完全没有感觉，只不过那些由女性所引起的性兴奋被转移到了男性的性对象身上。在他们的一生中，这一过程不断重复，最终形成了性倒错。简言之，他们对男人如同强迫症般的追求，正是他们不断逃避女人的结果。

精神分析学说始终极力反对将同性恋者视作异类，将其与正常人群分离开来。通过对性兴奋的研究，我们发现所有人其实都有选择同性性对象的能力，在潜意识中也早就这么做了。原欲对同性的感觉，在正常的精神生活中所起的作用并不比对异性的小，在那些性倒错人群中就更是如此。在精神分析学说看来，对象选择与性别无关，可供选择的性对象既可以是男性，也可以是女性，这一点无论是在原始社会还是史前时期都可以观察到。

在这一基础之上，由于种种的限制，正常或反常的性模式才开始形成。在精神分析理论看来，一个男人会对女人产生性趣，绝不是一件理所当然的事情，也不是仅仅用化学反应的吸引就能解释的。对最终性表现类型的选择，是在进入青春期后才完成的，它是先天体质和后天偶发因素两者互相作用的结果。当然，在某些人身上，部分因素可能尤为强烈，甚至直接影响了结果；但一般而言，影响最终性表现的原因不胜枚举，选择表现也不尽相同。

在性倒错者身上，往往可以发现远古体质和原始的精神机制是关键。可以说，自恋式的对象选择和肛门区的重大性意义，是性倒错的主要特征。但我们并不能就此认为，是特异的体质使一些极端的性倒错行为发生。在那些正常人或者介于正常和性倒错之间的人群身上，我们也可以发现类似的体质。

　　也就是说，两者之间并非是质的差别，而仅是量的变化。在某些因素方面，我们发现早期的失败经历（早期的性恐惧）对一个人的性对象选择有着重大的影响，而双亲是否健在也是一个关键。如果成长过程中没有一个强势的父亲，就更容易发生性倒错行为。最后，还必须指出性对象的倒错并不等同于性征的混淆，这两者之间并不存在关联。

　　就性倒错问题，费伦斯（Ferenczi）在1914年于《国际精神分析》杂志第二卷发表的《男同性恋的疾病分类学》一文中也提出了一些重要观点。他有条不紊地指出，许多机体和精神状况迥异的现象，仅仅因为有性倒错的症状出现，就都被归为同性恋，在他看来，更好的说法是"同性情欲"。他认为，人们至少要区分主观同性恋者和客观同性恋者这两类人，以男性性倒错者为例，前者把自己看作一个女性，行为也像女性，而后者仅仅是用同性性对象取代女性性对象而已。在费伦斯看来，前者属于希尔施费尔德所认为的"性中间形态"，而后者是完全的强迫症者。只有客观同性恋者，才会对自己性倒错的倾向进行反抗，也只有他们才能从精神治疗中受益。

　　即便如此，我仍要指出，许多人更像是主观同性恋者和客观同性恋者的混合体。近些年来，以E.斯坦纳赫（E.Steinach）为代表的生物学研究者也为同性恋和性特征的生理条件提供了一系列解释。在实验中，他们将哺乳动物的性腺取下并移植到异性的身上。通过这一努力，实现了由雄到雌、由母到公的转变。这种转变不仅或多或少表现在性特征上，也表现在心理活动方面。在这一变性过程中起关键作用的，不是性腺，而是被斯坦纳赫称为"青春腺"的细胞间隙组织。同样成功的案例还曾发生在一名因肺结核病而失去睾丸的男子身上。这名男子原本在性生活中表现出被动的同性恋特征，他的举止如同女人，也在毛发、胡须、胸部和臀部脂肪堆积等方面表现出一些女人的第二性征。然而在给他植入一个隐蔽的睾丸后，他开始重新表现出男子汉气概，其原欲的作用对象也重新回到了女人身上。同时，其女性的第二性征也消失了。[1] 但我们也不敢就此断言，这个尝试使得我们对于性倒错有了全新的认识，并为"全面治愈"同性恋提供了可行的方法。W. 佛里斯就不无道理地指出，这类实验与高等动物的双性理论并不矛盾。在我看来，如果有更多的这类实验取得成功，就能证明双性理论的正确性。

　　女性性倒错者的情况则相对明了：活跃的性倒错者无论是在生理上还是心理上都具有男性特征，尽管我们细加考究，也能够看出许多区别，但总体来看，这类人都要求自己的性对象需要具有典型

1　参见A.利普舒茨（A.Lipschütz）：《青春腺及其作用》，伯恩，1919年。

的女性气质。

（6）性倒错者的性目标

可以肯定的是，性倒错者的性目标也各有不同之处，不能一概而论。在男性性倒错者中，肛门性交并非常见的性目标，自慰往往更为普遍，甚至是最终目的。有些人自慰是为了宣泄自己的情感，性倒错者自慰的频繁程度更高于异性恋者。女性性倒错者的性目标也十分多元，其中以口腔黏膜的相互接触最为普遍。

就仅上述资料，我们仍无法对性倒错现象的起因给出合理的解释。但随着研究的更进一步，我们对性倒错有了更深的认识，这甚至比探究性倒错的起源更具意义。过去我们将性冲动和性对象之间的关系设想得过于紧密了，通过对那些反常案例的探究，意识到在性冲动和性对象之间存有某种阻碍。而在正常情况下，我们往往会忽略这一点，从而不自觉地将两者联系在一起。事实上，性冲动很可能与性对象无关，也不一定是对来自性对象的刺激的应和。

（7）恋童癖和恋动物癖

若说性倒错者是在性对象的选择上另类，在其他方面仍然与常人无异的话，那么那些将性发育尚未成熟的孩童作为性对象的人，则可以算是诡异到一定程度了。少有人会将孩童作为性对象，将孩童作为性对象的，通常都是那些个性软弱的性无能者。当他们身上的欲望找不到合适的发泄或排遣对象时，就极有可能会对孩童下手。无论如何，这一现象有助于更深一层地了解性冲动的本质。

饥饿尽管难熬，却也很少有人能不假思索地食用任何东西。与此相比，性冲动的对象也有很多选择，有些人却"饥不择食"，不惜在选择性对象时降低自己的底线。比如与动物发生过性行为的农民虽然只是少数，但由此可知，性的吸引力竟然能够超越物种的界限。

出于对"美学"的需要，人们总倾向于将由性冲动引发的变态行为归作精神方面的疾病，但事实并非如此。就过去的经验而言，从不同人种和社会地位来看，精神病患者在性冲动方面的障碍，其实都与健康人无异。孩童更容易被师长和看护人性侵，乃是因为这些人有更多的机会与之发生接触。性变态的行为不过在精神病患者身上表现得更为强烈极端、更具有排他性，导致将正常的性满足通道挡在了门外。

无论是健康的人还是精神病患者，他们在性方面其实并没有太大的差异，这一点值得我们深思。在我看来，这件事可以如此解释：性生活所需的冲动，是最不受高级精神活动控制的冲动之一。那些从社会和道德角度看不太正常的人，完全可以拥有规律的性生活；许多人在性生活方面有着一反常态的倾向，但这并不妨碍他们在生活中做一个普通人。这些人完全可以适应文化的发展，然而性的问题正是文化的弱点。

通过上述分析，我们大致可以得出一个结论：在许多情况下，在许多人的身上，性对象的形式和价值并不是最重要的。在性冲动的形成过程中，一些别的东西才是最根本、最永恒的。[1]

1　古人与今人情欲生活的最大差别，可能是古人更重视性冲动本身，而今人更重视其所作用的性对象。古人视冲动为圣物，认为它能够神化相对低贱的对象；而今人则认为性冲动是低俗的，只有当其作用在某些对象身上时，才能为人们所宽宥。

2

转变的性目标

　　通常性行为的意义是，两性性器官在性交过程中相互结合，从而使性紧张感消除，性冲动暂时得到满足（这好比是让饥饿的人饱餐一顿）。但即便是在最正常的性行为中，也会有一些环节有别于常态，如果任其自由发展就会形成性倒错，即我们一般认为的性反常。

　　在实现这最终性目标——性交之前，人们与性对象之间常有一些铺垫动作，如触碰和注视。一方面，这些行为能够使人愉悦；另一方面，它们也能提升双方的兴奋感，为之后的最终性目标打下基础。

在许多族群中（也包括文明程度较高的族群），亲吻就是触碰的形式之一，尽管嘴唇只是消化道的一部分，而非性器官，但双方的嘴唇黏膜相互触碰的接吻行为，都具有高度性意义。此外，性反常行为也可以与正常的性生活联系起来，成为性生活的一部分。性反常行为大致可分为两种：

一是性交时所涉及的身体部位（这使得在解剖学意义上有所超越）；

二是与性对象的关系仍然停留在过渡行为阶段（但这类行为其实很快会将双方引向最终的性目标）。

1. 解剖学意义上的超越

（1）对性对象的高估

一般而言，一个人对性对象的评价，绝不会仅限于其性器官，而是涵盖全身，而且对性对象的情感也都包括在内。如此对性对象的高估也同样体现在心理层面上，俗语说"情人眼里出西施"，性对象的气质、成就、人品等情感因素，往往会提高对其整体的评价，这是常有的事情。爱情是盲目的、盲从的，如果其不算是"权威"一词的原始意义，至少也应该是该词的重要来源之一。[1]

---

1 这让我联想到被催眠者对催眠师的百般服从。我大胆猜测，催眠的本质就是令被催眠者的原欲聚焦在催眠师身上。费伦斯认为，这种暗示也许与双亲情结有关。（参见《精神分析与精神病学年鉴》第一卷，1909年。）

一旦一个人对性对象过于高估，要满足其性目标就不只是停留在性器官的结合而已，而是会无所不用其极地把其他身体部位也当作性目标。[1]

高估性对象这一行为的重要意义，最早是在研究男性的过程中发现的，因为男性的情欲生活较容易为研究者所触及；而女性因为受到文化的压迫，从而缄默不够坦诚，于是她们的性生活至今仍然神秘寡为人知。[2]

（2）嘴唇、口腔黏膜的性用途

当一个人的嘴唇（舌头）与另一个人的性器官接触结合时，将嘴唇当作性器官的行为才会被视作反常。如果只是两个人的嘴唇黏膜相互接触（舌吻），则不算反常，而且这也与正常的性行为十分密切。

然而自古以来一直存在着用口腔接触性器官的性交方式，那些将其视为性反常行为、对此轻蔑的人，内心往往会产生一种明显的厌恶感，从而阻止他们去从事类似的性行为。但这种厌恶感的底线

1　我们也必须指出，并不是所有对象选择的过程中都会出现对性对象的高估。之后，我们还将对其他身体部位的性地位给出更为直接的解释。霍赫（Hoche）和I.布洛赫提出了"对刺激的饥渴"这一说法，用以解释性兴趣为何会延伸至生殖器官之外的其他身体部位，但我对此却不以为然。原欲所经过的各条道路，从一开始便像一张通信网一样联系紧密，我们不应该忽视原欲进入支流的情景。

2　就典型的情况而言，女性不会对自己的丈夫过于高估，但在她们的眼里，自己孩子绝对是最优秀最卓越的。

却难以衡量：有些人可以热情地亲吻美女，不过若要求使用她们用过的牙刷，却只会感到一阵恶心。这并非因为他们自己的口腔比那些美女的口腔来得干净，但他们就是不讨厌自己的。

然而这种厌恶感其实值得留意，它虽然可以阻止原欲高估性对象的力量，却也很容易被原欲所吞灭。通常这种厌恶感并不会来自性器官，但必须承认，有时候异性性器官的确会成为厌恶的对象，这种厌恶感常出现在歇斯底里症患者身上，尤其是女性歇斯底里症患者。不过一个人的性冲动越是强烈，就越会希望征服这种厌恶感。

（3）肛门黏膜的性用途

相比于口腔，与肛门有关的性行为显然更容易引起人们的反感，也很容易就被贴上性反常、性变态的标签。

有人认为这种厌恶感是由于肛门本身是一个时时刻刻与排泄物发生着接触的消化器官。但必须说，这种看法其实并不比"女性因为男性的器官也被用作排尿而对此产生厌恶"的说法来得高明。

肛门黏膜在性行为中的意义，并不只限于两个男性性交；同时，一个人喜欢肛交，也并不意味着他就是性倒错者（相互自慰才是性倒错者最为常见的性目标），相反地，一个娈童因为其言行举止有女性化的特质，才会被喜欢肛交的男子相中。

（4）其他身体部位的性用途

至于其他身体部位的性占有，依本质而言无异于上述两者。简言之，它们都是因为性冲动的驱使，而试图完全占有性对象的行为表现。

但有些身体部位，如口腔黏膜和肛门黏膜，长期出现在人们的性生活中，在人们的意识中，它们俨然已经是性器官。因此，除了对性对象的高估外，这些部位还有另一种解剖学意义上的超越，但以往时常被我们忽视。接着，我在后面的章节将继续对性冲动进行探讨，这一解剖学意义上的超越也将在以后的讨论中得到印证，并用作解释一些病症的缘由。

（5）恋物癖：性对象的不合宜替换

有意思的是，在某些情况下，正常的性对象会被一个与其有所关联却完全不适合作为性对象的"物"所取代。按照我们的分类方式，本应该在论述性对象的变异时，就将这种性冲动的变形一并阐述，但因为这种现象与"对性对象的高估"存有关联性（它正是盲目放弃性目标的结果），故我特意在此才解释这种变形课题。

这些替代性对象的物，往往是某个不太适合性用途的身体部位（如足部、头发等），或者是某个没有生命，但与性对象密切相关，甚至是能直接与性行为发生联系的物体（如衣服的碎片、白色内衣等）。我们完全有理由将这种替代行为与原始社会中的圣物崇拜相提并论，原始人类之所以崇拜圣物，正是因为他们将其视为神

　　有恋物癖的人，只好在精神层面上高估其性对象，才能与常人保持一致，不可避免地，这也使得他们将所有与其性对象相关联的事物都视作圣物一般。

灵的化身。

在部分的恋物癖案例中，案例的性对象必须具有一定的特征（如特定的发色、某类型的衣着，乃至身上的疤痕），才能使恋物癖案例实现其性目标。这种濒临病态的性冲动变种着实奇特，也引起了我们极大的兴趣。

有恋物癖的人，其追求正常性目标的能力几乎无一例外都受过伤害（如性器官衰竭）。[1] 这些人只好在精神层面上高估其性对象，才能与常人保持一致，不可避免地，这也使得他们将所有与其性对象相关联的事物都视作圣物一般。不过，事实是这种现象也可能发生在正常人的情感生活中，特别是在正常的性目标无法实现时，更容易如此。《浮士德》中就有这样的句子："从她胸口的围巾和吊袜带中，我都能感受到爱情的乐趣。"

然而，若替代物取代了正常的性目标，甚至完全脱离了某个特定的性对象，成了独立的性目标，这样的情况超越了正常的范畴，恋物癖就成了一种病态。正是这一标准，决定了一个人究竟是性冲动略有偏差，还是已经完全陷入了病态。

比奈特（Binet）最先指出，孩提时代的性印象，对于将来崇拜物的选择有着深刻影响，这点也在之后得到了证实。人们常

1　这种损伤也暗示着身体上的缺憾。精神分析研究发现，儿时遭到性恐吓，会使人偏离正常的性目标，转而将情欲投射至替代品。

说，初恋是最难以忘怀的，这也与比奈特的观点不谋而合。此外，如果本身对性对象心怀崇敬，那其崇拜物的选择就更容易受到幼时印象的影响，这一点，我们在后面章节还会说明。[1]

在另一些情况中，案例往往受到某种不明的象征思维的影响，不自觉地用崇拜物替代性对象，即便崇拜物和性对象之间的联系并不总是密切而明显的。例如，在早期神话中，足部就是一种重要的性象征；[2] 毛发往往让人联想到性欲（容易让人联想到阴部的毛发），于是就成了人们崇拜的对象。不过这些象征往往也脱离不开儿时的性经历。[3]

1　精神分析研究深入地对比奈特的观点提出了批判。所有观察都指出，当一个人第一次与崇拜物相遇时，心里对其就已经充满了性的憧憬，然而却无法客观解释这种现象是如何产生的。此外，所有早期的性印象都是在5—6岁这段时期出现的，从精神分析的角度来看，我们十分怀疑这种十足病态的现象是否太晚才出现。因此真相是，在崇拜物出现之前的记忆中，其实存有一段被压抑和遗忘的性发展历程，崇拜物隐含着这段历程，代表了它的所有残迹。至于幼童如何开始崇拜，又是如何选出崇拜物，这一切都是老早由个人体质决定好了的。

2　鞋子是女性生殖器的象征。

3　精神分析理论还分析出了一个有助于理解恋物癖的部分，即指出在精神压制之下丧失嗅觉的嗜粪症者，丧失嗅觉快感对崇拜物的选择起了重要作用。无论脚或头发，都是有强烈气味的部位，当嗅觉快感因为臭味而被人们放弃之后，它们便成了被崇拜的对象。在那些将脚当作崇拜物的性变态行为中，案例的性对象都是脏脚和臭脚。人们对脚的偏爱与崇拜，之后的幼儿性欲理论还给出了另一种诠释，在婴儿的想法里，女性的生殖器官与男性是相同的，但脚会被视作女性性器官的替代物，由于禁忌和精神压制的存在，原本针对生殖器的视觉淫欲会促使人们将他人从下往上打量一番，可这种行为在半途便不得不戛然而止，于是视线停留在了下肢，脚就成了崇拜物。

人的视觉影像最容易引起性兴奋，若从目的论的角度来看，正是视觉选择了性对象，因为只有它能发现性对象的美丽之处。

2. 在过渡性性目标上停留

（1）新目标的出现

所有可能妨碍正常性目标实现的内、外部因素（如性无能、性目标难以获得、性行为存有危险等），都会使得人们停留在性行为的过渡阶段，并由过渡阶段中发掘出新的性目标，取代旧的性目标。进一步研究更能得知，无论新的性目标看上去如何新奇，总能在正常的性行为过程中找到其最初的痕迹。

（2）触摸和观看

正常人实现性目标的过程中，必会有一定程度的抚摸。碰触性对象的皮肤，可以给双方都带来愉悦与快乐，为下一步的性目标做铺垫。因此，如果性行为最终得以延续，那么即便长时间的抚摸，也不能算作性变态。

同样，观看也具有类似的特点，人的视觉影像最容易引起性兴奋，若从目的论的角度来看，正是视觉选择了性对象，因为只有它才能发现性对象的美丽之处。

随着文明的变迁，人们开始穿上衣服遮掩身体，这反而引起了人们的性好奇，人们总幻想将性对象的衣服剥光，好将他（她）的身体一览无余。不过，这种冲动可以借助升华作用转化为艺术行为，即人们不再只将注意力投向性器官，也开始关注整个身体形态的美感。[1]

---

1 我一直坚信，"美"源自性的兴奋、代表着性刺激。然而，看上去最能引起强烈性兴奋的生殖器官，却从来没有被人们称过"美"。

可以说，绝大多数人都会依依不舍地停留在观看这个阶段，并将自身一部分原欲借此转移到更高层次的文化目标上。不过在以下几种情况中，观看会被视作一种变态行为：

A. 观看的对象仅限于性器官；

B. 观看的过程中需要克服厌恶感（如偷看他人排泄的窥阴癖行为）；

C. 观看行为不但不能促使正常性目标的实现，还对其造成了阻碍。

最后一点往往在临床上表现为露阴癖，借助分析可以发现，露阴癖者暴露自己的性器官，并希望以此为交换，达到窥视异性性器官的目的。[1]

这类窥探或暴露性器官的变态行为，有其十分奇特的特征，我们在接下来的研究中，将会对此做更为深入的分析。总体而言，这类患者的性目标大致可分为主动性目标和被动性目标两类。而唯有羞耻感（如此前提到的厌恶感），才能阻止甚至彻底治愈这种变态的窥视欲望。

（3）施虐行为和受虐行为

施加痛苦于他人身上和从他人行为中感受痛苦，是性变态

---

[1] 分析发现，这类性反常行为与其他性反常行为一样，有着多种出人意料的动机和意义。例如，露阴癖与阉割情结有着很强的关联，它展示了自身（男性）生殖器官的完整性，也表达了孩子看到女性缺少阳具时心中的满足之情。

中最常见同时也是很重要的两种形式，依其主动和被动的不同，冯克拉夫特-埃宾将其称为施虐狂（Sadismus）和被虐狂（Masochismus），强调了这种快乐中屈从和折服的成分。另一些专家更青睐"痛楚淫"（Algolagnie）这种说法，因为它强调了痛苦的惨烈，也反映了有人乐在其中。

施虐狂是一种主动的痛楚淫，在正常的性行为中很容易就能找到其根源。在性生活中，大多数男性都会呈现一定程度的攻击性来表现出占有对方的强烈欲望。而从生理学的角度看，既然男性不甘于仅以求爱的方式征服自己的性对象，那一定程度的暴力倾向也算是自然。因此，施虐行为本身源自性冲动，只是一种较为激进的表达形式，不过一旦它被过度放纵，甚至反客为主，那就成了性变态。

在实际生活中，施虐行为的意义颇为复杂，它可以指主动对性对象施以虐待、暴力的行为，也可泛指因另一方的屈服和受虐所带来的满足感。严格来说，只有后一种的极端情况，才能算得上是性变态行为。

同理，受虐行为也泛指一切在性行为中被动接受性对象的虐待，并将受虐时获得的生理和心理上的痛苦与自身的快感加以联系。相比于施虐狂，受虐狂这种性变态行为与正常的性目标差距更大。我们不禁要问，受虐狂到底是自己出现的，还是由施虐狂演变而来的呢？[1]

通过研究我们可以发现，受虐狂其实是施虐狂的一种延续，只不过施虐的对象成了自己，从而把自身视作性对象。此外，在一些极端受虐狂案例的临床研究中还发现，受虐狂现象其实是一连串被动的原始性因素（如阉割情结、负罪感等）综合作用下的结果。

如同之前所提到的厌恶感和羞耻感，在这一过程中所要克服的痛苦感，也是阻碍原欲任意作用的因素之一。

在性变态行为中，施虐行为和受虐行为是一特殊的存在，两者代表了主动与被动行为之间的鲜明对比，这样的主动与被动，正是性生活的典型特征。

一览人类的历史可以发现，性冲动和暴力行为存有某种内在的联系。但直到今日，除了强调原欲中的侵略性特点外，还没有人能够说清楚两者之间的关联。有些专家认为，性冲动中所内含的暴力成分，其实是原始人类食人欲望的残留，在征服对方的同时，也同时满足了个体发育过程中更为古老、更为强烈的本能需求。[2]也

1　多年之后，我对受虐狂的心理结构和形成这种现象的冲动有了更深刻的理解，对它的看法也有了很大的转变。首先，我承认了原发性快感区受虐狂（primärer-erogener-Masochismus）的存在，而受虐狂的另外两种形式——女性受虐狂和道德受虐狂其实都是在这一基础上发展而来的。此外，还存在另一种继发性受虐狂，这是源于施虐狂在现实生活中没有得到足够的发泄，转而将施虐行为用于自身的结果。（参见拙作《受虐狂的经济学问题》，载于《国际精神分析》杂志第10卷，1924年。）

2　而后的篇章对性器官前期发展的论述，也证实了此看法。

有人认为，不管哪一种痛苦都有转化为快乐愉悦的可能性。综览以上论述，我们不难了解，对于性变态现象，目前还没有令人信服的解释，它可能是许多种心理因素共同作用的结果。[1]

而这两种性变态现象的特别之处，在于其主动和被动形式往往还能规则地出现在同一个人身上。那些在性生活中以虐待性对象为乐的人，往往也具备将性行为中的痛苦转化为快乐的能力。施虐狂也是一定程度的受虐狂，只不过总有一种形式会稍加强烈，成为其主要的取向。[2] 这种反常性倾向时常成对出现的状况，对于我们接下来的论述有着重要的立论意义。[3]

此外，施虐狂和受虐狂这种对立的组合显然并不能简单用侵略性来一概而论。相反地，我们或许更应该将此对立组合与双性现象中的男女对立进行类比。对于精神分析理论而言，这两者恰恰代表了性生活中的主动和被动。

1　也有人认为，在性冲动的源头有着某个特殊区域使得"施虐狂—受虐狂"这种现象能够从其他性变态行为中脱颖而出。

2　在此，我就不再罗列太多的论点，而仅仅引述哈夫洛克·霭理士在1903年出版的《性欲》中的一段文字："所有著名的施虐狂和受虐狂案例——也包括冯克拉夫特-埃宾所引述的已经被柯林（Colin）、史考特（Scott）和费拉（Féré）等人证实的案例，都显示这两种现象会出现在同一个个体身上。"

3　参见本书而后关于矛盾心理的论述。

3

性变态总论

1. 变形和病症

某些医生在特定的条件下，对性变态现象进行了深入研究，他们大多都倾向于将性变态视作一种类似于性倒错的病症或变异。只不过相较于性倒错，我们更容易否定对性变态的这种看法。

然而日常生活经验表明，大多数略有出格的亲密性行为，其实也是健康人性生活的一部分。只要状况允许，一个正常人也能够在一段时期内将性变态行为作为正常的性目标，甚至使两者和谐共处。因此，在一个健康人的性生活里，性变态行为也可能存在其中。

性变态包罗万象，这类行为也完全没有必要去苛责，因为在性生活方面，我们仍无法在正常的生理变形和病态症状之间划清界限。

然而有些性变态行为我们应当给予特别的关注，这些行为的性目标十分特殊、背离常理，以至于我们不得不将它们看作一种病态，尤其是当性冲动成功地克服了各种阻力（羞耻感、厌恶感、恐惧感、痛苦感）之后，做出舔食大便、奸尸等出格行为。

但即便如此，我们也不能就此推断一个人有性变态行为就等同于其会有其他反常行为或精神疾病。从一方面看，在日常生活中行为反常的人，可能也会有性变态行为；但另一方面的事实是，有些人平时十分正常，在性方面却无法束缚自己的冲动，从而显现出病态。

在大多数情况下，我们说性变态是一种病症，并不是因为性变态患者有新的性目标，而是因为他们的举止过度出格，超越常人容忍的范围。

如果性反常行为仅仅与正常行为并列出现（两者具有共同的性目标和性对象），那么即便客观状况有利于反常行为而不利于正常行为，也不算是病态。只有当正常的性行为被性反常行为彻底取代，性变态行为将正常行为完全排除在外时，我们才可以将这类症状断定为病态。

2. 性变态的心理因素

在那些令人无法接受的性变态行为里，我们可以观察到性冲动转化成该行为的过程，心理因素总会参与其中。

各种性变态行为其实都是精神工作的结果，这种性冲动转化而成的输出，其结果并不一定为人接受，却是我们所无法否认的。

爱情的本质，也许就在这类异常行为中体现得淋漓尽致。在性行为里，最高级的力量和最低级的力量之间存有根本的内在联系（自天堂到人间再到地狱）。通过研究性变态行为，我们发现性冲动总是在不断与某些精神力量做斗争，尤其是羞耻感和厌恶感。我们不禁想到，正是因为这些精神力量的参与，使得性冲动被圈定在正常的范围内。如果这些力量在性冲动满溢之前已经做好了建设，那就能够引导性冲动朝着较正常的方向发展。[1]

此外我们还发现，有一些性变态行为其实是多种因素共同作用的结果。如果我们对其加以解析，会发现它们其实是一个复杂的整

1　我们可将这些对性发展造成阻碍的精神力量——厌恶感、羞耻感和道德——视作抑制性冲动的外部阻力，它们是在历史发展中沉淀下来的事物。我们可以观察到，在个体性冲动发育的过程中，到了适当时间，当有教育或者其他外来因素的影响时，这些力量便会自发出现。

体。这或许在暗示我们，性冲动本身也许就是由多种元素所构成的，而这些元素在性变态行为中发生了分解。临床上，我们也发现了多种元素之间的融合，恰好是正常性行为的必要前提。[1]

1　对于性变态的起源，我还要补充一句：我们有理由相信，跟恋物癖一样，在性变态行为出现之前，曾经有过一段正常的性发展时期。个别案例的精神分析研究表明，性变态是伊底帕斯情结所留下的发展轨迹，在其受到排挤之后，性冲动中那些最为强势的成分便开始蠢蠢欲动。

4
精神病患的性冲动

1. 精神分析

想要理解精神病患者的性冲动，需采用某种特定的方法。目前仅有一种方法可以精准地为我们勾勒出精神病患者（歇斯底里症患者、强迫症患者、常被误称的神经衰弱症患者、早发性痴呆患者和妄想症患者）的性生活世界。这种精神分析领域的治疗方式被称作"内心净化法"（kathartisch），是由我本人和J. 布劳尔（J. Breuer）于1893年共同创立的。

在此，我不得不重述我在其他论文里反复提到的观点，即精神病总是源于性冲动。但并非是指性冲动的力量会诱发某些病症，我的观点更进一步指出：性冲动是精神病唯一的、持续的，也是最重要的力量所在，因此精神病患者的性生活也就多少会表现出某些病症。

我过去的研究也指出：精神病症状也就是患者的性活动的展现。我过去二十五年间对歇斯底里症患者和其他一些精神病患者的研究已经充分证明了这一点，这些研究的结论已经分成数篇文章发表，今后我也将继续撰写这方面的研究文章。[1]

精神分析研究发现，歇斯底里症其实是一系列深刻的精神活动、欲望和期许的替代方案。在某些特殊的心理过程（压抑作用）的排挤下，内心的欲望被压抑许久，却又无法适时转化为其他的精神活动而得到宣泄。这些在潜意识中累积已久的念头，需要以某种适当的方式加以疏导，最终就以歇斯底里的这种生理方式输出，这也就是歇斯底里症的成因。

只要采取适当的方法，借助特定的技术，我们就能从病症那里抽丝剥茧，找到它的本质核心。随着了解越发深入，原本不为人知的心理活动也开始渐渐显现出来。

1　如果我说，精神病症状一方面源于原欲的需求，另一方面则是自我对原欲做出反应的结果，这绝对是对上述观点的补充，而非驳斥。

2. 精神分析研究的结论

通过精神分析研究，我们可知精神病症本是内心诉求的替代品，其力量源自性冲动。在歇斯底里症这种典型的精神病症中，患者发病前的特征及其发病原因均与上述结论不谋而合。歇斯底里症的患者，往往表现出超乎常人的性压抑。羞耻感、厌恶感和道德心大大阻碍了他们性冲动的发展，甚至使他们本能地回避性话题。在极端情况下，有些人在完全步入性成熟期后，对性仍一无所知。[1]

然而，歇斯底里症患者同样也有着异常强烈的性冲动。这种性冲动抵消了阻碍力量的作用，如果不细腻观察，很难发现上述歇斯底里症这部分的重要特征。唯有精神分析研究才能发现这一点，并证实歇斯底里症正是由于过多的性需求和过强的性阻碍两者对峙所引起的，从而解开歇斯底里症的成因。

一旦歇斯底里症患者步入成熟期后，或许因为某些外来因素的影响，他们真正的性需求需要得到释放时，病情也就爆发了。在性冲动和性阻碍的双重压迫下，患者也只有发病这个出口。

虽然精神病并不能消除两者的对峙，但它却能使原欲得到转化，借由发病得到宣泄。除此之外，极少会有歇斯底里症患者仅因为一些其他的情绪波动就发病。精神分析研究证实了这点，即以性

1　参见拙作《歇斯底里症研究》，1895年。对于自己曾运用内心净化疗法治疗的第一位女病人，布劳尔这样说道："她的性知识少得可怜。"

为中心的矛盾冲突，导致了歇斯底里症的发作，它使患者的精神生活脱离常态、背离正常。

3.精神病和性变态

有些人对我的观点持否定看法，这是因为他们将我视作精神病症状来源的性冲动与正常人的性冲动视为一体。随着精神分析研究的深入，我们发现精神病症不会由正常的性冲动引发（至少这不是主要因素），它更多是由那些（广义上）反常的性冲动转化而来。

如果这类性冲动完全无阻碍地由意识进入人们的思考和实践中，就会诱发精神病症。换句话说，精神病症其实源自反常的性冲动，它是性变态的负面表现。[1]

而在精神病患者的性冲动中，我们能发现之前已经研究过的各种偏离正常性行为的症状：

（1）所有精神病患者（无一例外）在潜意识中都具有性倒错倾向，他们的原欲一直停留在同性人群身上。不加以深入研究，我们就不可能明白这一点对于精神病形成的意义。在这里，我能确定的是：精神病患者的潜意识中一定存有性倒错倾向，性倒错倾向对于

1　性变态者对于自己的幻想有着清晰的认识，在有利的情况下，它可能转化为实践；妄想症患者心思细腻，他们将自己疯狂的恐惧投射到了他人身上；在歇斯底里症患者的潜意识中，也存有幻想。以上三者的幻想十分相似，甚至有些细节都十分吻合。

　　精神病患者在潜意识中倾向于达成解剖学意义上的超越，其中尤以将口腔与肛门黏膜视作性器官的情形最为普遍，这也是精神病的成因之一。

解释歇斯底里症，特别是男性的歇斯底里症具有十分重要的意义。

（2）精神病患者在潜意识中倾向于达成解剖学意义上的超越，其中尤以将口腔和肛门黏膜视作性器官的情形最为普遍，这也是精神病的成因之一。

（3）在精神病的成因中，一些以成对形式出现的性冲动引发了新的性目标，这部分也不容我们忽视。其中包括窥视欲、露阴欲和主动（被动）的虐待欲。

其中，第三项更容易帮助我们理解精神病症状的本质，它也几乎主宰了精神病患者的社会行为。许多精神病症还表现为由爱生恨，将温柔视作敌意，这在妄想症患者中表现得尤为明显，这类表现也与原欲关系深远。

而以下这些事实，则可以让上述结论变得饶有趣味：

首先，凡能够成对出现的冲动，必然会在潜意识中同时起作用。每一种主动的性变态行为，都会伴随一种被动的性变态行为。一个潜意识中有露阴癖的人，往往也有窥阴癖；一个有施虐倾向困扰的人，自然也会有受虐的倾向。但在每个病例中，一般都会由其中一种作为主导。[1] 这种主动与被动相依而存的性变态行

---

[1] 精神病也时常与性倒错行为一起出现，而性正常倾向，则成了这一过程中的牺牲品。我必须承认，尽管我在个案中曾有所发现，但是我在柏林与 W. 佛里斯进行了一番密谈之后，才开始注意到精神病患者身上性倒错倾向的绝对性和普遍性。这一事实尚未引起足够的重视，但它必将深刻地影响一切的同性恋理论。有些人将此完全归功于我，其实是不太恰当的。

为，值得我们重视。

其次，在一些较为典型的精神病案例中，往往不仅出现某一种反常的性行为。通常而言，反常的性冲动并不会单独出现，每一种性冲动都会留下其痕迹，但彼此并不会相互影响。因此，研究某种性反常行为，也总能接触到它的对应面。

5

部分性冲动与快感区

在研究过正面的和负面的性变态行为后，我们可以观察到它们正是由一系列的"部分性冲动"（Partialtriebe）所引发的。

但这些部分性冲动也不是变态行为的本源，我们还可以对它们进行分析。"冲动"指的是持续内在本能生理刺激所引起的心理反应，它与"刺激"的区别，就在于后者通常是由单一外在的因素所致。也就是说，"本能"这个概念区分了内在和外在之间的差异。

我们也可以这样解释冲动的本质：冲动本身不带任何含义，它只是用于计量精神生活需求程度的一种单位。这种解释简单易懂。各式各样的冲动之所以有着不同发展，是因为有不同的生理刺激来源与目的。某个器官受到了强烈的刺激，进而引发了冲动，冲动的产生，就是为了消泯这一器官的刺激感。[1]

在冲动学说里，还有一个值得重视的设想：在不同的化学成分作用下，身体器官会受到不同的刺激。其中的一类刺激统称为"性刺激"，受到这类刺激的器官被称为"快感区"（Erogene Zone），部分的性冲动就由此产生。[2]

在部分性变态倾向中，口腔和肛门的重要性等同于性器官，其快感区的作用也就越发明显。在歇斯底里症患者身上，这些身体区域及其附近的黏膜仿若经过了改造，拥有更多的感官神经。刺激这些部位，就像刺激正常性器官一样，会使人产生强烈的快感。

这些异于常人的快感区，是性器官的辅助品和替代物，其用途在歇斯底里症患者身上尤为明显，但这绝不是说它只适用在歇斯底里症患者身上。不过其他精神疾病如强迫症和妄想症的快感区尚不清楚，其部位不是某个控制身体功能的生理中枢，而是某块更容易对一个人的心理活动产生影响的区域。

1　性冲动理论是精神分析学说中最为核心的部分，但同时也是最不完善的部分。在我后来所写的《自我与本我》（1920年）和《超越快乐原则》（1921年）两篇文章中，我又对这一理论进行了完善。

2　这一假设来自对一批精神疾病的研究，目前还很难得到证实。但如果缺少了这一前提，我们很难就性冲动这一问题做出精辟的论述。

　　如在强迫症的案例中，脉搏与快感区看似毫无相干，却能使其产生新的性目标；又如在窥阴癖和露阴癖中，眼睛便是一个快感区；而对于施虐狂和受虐狂来说，皮肤就扮演了类似的角色。事实上，某些部位的皮肤可以异化成类似黏膜的感觉器官，成为超强快感区。[1]

1　不禁让我联想起了摩尔的观点。他将性欲分为肉体接触欲和消除肿胀欲，前者指的就是皮肤与皮肤相接触的欲望。

6

精神病患中性变态的盛行

依上文的论述，可能会让有些人误解精神病患者就等同于有性变态行为的人，而且其性行为一定有异于常人。

事实上，精神病患者在强烈性冲动和性排挤行为的双重作用下，的确很容易出现广义的性变态行为，但从一些轻度精神病案例的研究来看，性变态的出现并非绝对，至少我们无法单凭此项就断定一个人精神病的严重程度。

大部分的精神病患者，皆因为在青春期之后过不了正常的性生活而发病，他们内心所受的排挤，也与性生活大有关系。另外有些人的原欲无法通过正常的通道得到满足，累积到一定程度导致病发。

在这两种情况下，原欲就像一条水源丰沛的河流，一旦主流阻塞，便只得在干涸的支流那里寻求排遣。因此，精神病患者的性变态倾向（主要是被动的）虽相对严重，却是疏导原欲的必然途径。

事实上，当一个患者做出性变态行为时，一方面是由于他内心受到强烈的性排挤，另一方面也因为受到自由的限制，或者无法接触到正常的性对象，或者正常性交存在风险等外部因素所迫。否则，他完全可以朝性正常的方向发展。

自然，各个精神病案例的情况都有差异，有的人天生便有性变态倾向，有的人则是由于原欲偏离，没有正常的性目标和性对象，因此才成为性变态的。只有当体质和经验皆朝着共同方向作用之时，精神病症才会走向极端，这两者密不可分，单独探讨任何一个皆不妥。体质异常的人，即便没有日常生活的体验，也可能脱离正常范围；而若在生活中曾受过非常大的震撼，哪怕是正常体质的人，也可能变成精神病患者。如此观点，也可以用来解释一些其他同时受到先天和后天因素影响的疾病。

如果我们坚持精神病体质更容易诱发性变态这个说法，那我们应该能根据天生快感区或部分性冲动的不同，区分不同的体质。不过这一领域的研究尚存许多谜团，性变态与精神病的种类是否存有关联，目前尚没有确切的结论。

　　原欲就像一条水源丰沛的河流，一旦主流阻塞，便只得在干涸的支流那里寻求排遣。因此，精神病患者的性变态倾向虽相对严重，却是疏导原欲的必然途径。

7

幼儿性欲的萌芽

一旦我们证明了精神病患者往往具有性反常行为，那么性反常群体的人数必定会大幅上升。这不仅是因为精神病患者本来人数十分可观，还因为精神病患者的发展过程，其实与健康人群无异。

莫比乌斯（Moebius）有句话甚是有理：我们人人或多或少都有些神经质。由此可知，性变态不仅分布十分普遍，而且其本来也算不上特别出格的事情，甚至根本就是正常体质的一部分。因此，换句话来说，我们人人也或多或少都有点性变态。

然而过去性变态的成因一直颇具争议：性变态到底是与生俱来的，还是像比奈特针对拜物教问题所论述的那样，由后天某些特殊经历所诱发的？而现在我们认为，性变态有一定的先天性，不过这种先天性并非属于特定人群，而是全人类所共有的成分，它时强时弱，也可能在生活的影响下日渐显现。

换句话说，性变态的性冲动最初是天生的，它扎根于每个人的体质之内，在某些情况下，它会演变成具体的性行为（性反常行为）；而在另一些情况下，如果不能很好地压制（转移）性冲动，它就会另辟蹊径，以疾病的表现形式将部分的性能量释放排解。因此，在理想状态下，如果人们能对性冲动和性阻碍加以约束使用，就可以享受正常的性生活。

但我们也要说明，尽管幼儿期的性冲动表现得十分微弱，但人们体质所承载的先天性变态的萌芽，只有在幼儿期才会出现。当我们发现，精神病患者的发病原因是他们保持或回溯了幼儿时期的性欲状态，那我们就会把更多的关注放在幼儿期的性生活上。我们将依着孩童发育的阶段，研究幼儿时期的性欲是如何逐渐发展而成性变态、精神病，或者正常性行为的。

第二章

孩子们的
"性冲动"

（Die infantile Sexualität）

大部分人认为，性冲动的出现始于青春期，幼儿期不会出现性冲动，这样的观点是因为我们对性生活的基本规则缺乏了解造成的。

全方位梳理幼儿期的性表现，将有助于我们了解性冲动的基本特征、发展过程及其不同的组成要素。[1]

有些专家在试图阐明成年人的特性和反应时，对遗传的因素寄予了过高的期望。他们对人类祖先的史前生活格外关注，因而忽略了孩提时代对个体发展也同样具有的重要意义。

事实上，幼儿期的影响更易被人理解，必须在遗传因素之前加以考虑。虽然我们也能在文献中读到孩童在发育早期出现勃起、自慰和其他类似的性行为的记载，但这些行为长期被视作趣闻，或用以证明人类劣根性的存在。

就我所知，目前尚未有人为幼儿期的性冲动正名，且在介绍孩

1　事实是如果人们对于童年的性发展没有足够认知，也就无法确切理解遗传因素的作用。

童发育的众多书籍中，"性发育"这章往往一笔带过，欠缺探讨。

有鉴于之后的论述有些大胆，因此我遍查相关研究，希望对此进行考据。考据的结果是：此番话无须修正。目前学界对孩童性欲的生理和心理现象的研究才刚萌芽。一位名叫S.贝尔（S. Bell）的专家曾道："我至今还没有见过有哪位科学家认真研究过青春期的情感。"[1]

青春期以前，生理上的性表现几乎被当作一种变异因素而引起人们的注意，甚至还被视作身体机能退化的表现。而且在我阅读过的孩童心理的著作中，都没有任何的章节专门阐释孩童的情欲生活，即便是普雷尔（Prayer）、巴尔德温（Baldwin）、佩雷兹（Pérez）、施特鲁佩尔（Strümpell）、卡尔·格鲁斯（Karl Groos）、海勒（Heller）、苏力（Sully）等名家也毫不例外。

但孩童具有爱的能力却是不争的事实，其中佩雷兹支持这种观点；格鲁斯在1899年出版的《人类的游戏》一书中也将此作为一个常识："有些孩童性冲动来得很早，在面对异性的时候会想要触碰他们"；而根据贝尔的记载，最早发生"性爱"的案例是在一个两岁半的幼儿身上。[2] 然而在斯坦利·哈尔（Stanley Hall）的

1　《两性爱情研究》，载于《美国心理学》杂志第13卷，1902年。

2　此处参见哈夫洛克·霭理士在1903年出版的《性欲》一书。

巨著[1]出版之后，我们对于幼儿性欲无人提及的状况终于要做出一些修正了。相较之下，摩尔在1909年于柏林出版的新书《孩童的性生活》中就没有太多的新创观点。相反，布罗尔乐的《孩童的性反常现象》则值得一览。

1　《青春期心理及其与相面书、人类学、社会学、性、犯罪、宗教和教育的关系》（纽约，1908年）。

1

被遗忘的时光

以下两点或许可以解释为什么大家都有意遗忘幼儿期的性发展：

一是专家因其自身所受教育的影响，存有一定的顾忌；

二是他们也可能是受了某种精神现象的影响。

这里我指的是对幼儿期记忆的遗忘，大多数人（并非所有人）对自己六到八岁期间的童年经历记忆模糊，此现象至今依旧成谜，不过好像目前也没有人对此提出疑问。

细想似乎也不难解答，因为这段仅有少数模糊记忆的时间，正是我们开始对感受到的事物积极回应的时期。从这个时期开始，人们开始能够表达出自己的痛苦与欢乐，同样也表现出爱、嫉妒和其他一些情感。从成年人的角度而言，孩子正是从此时期开始具备了一定程度的洞察力与判断力。不过在长大成人后，我们却对这时期的记忆模糊不清、一无所知。

然而为什么我们的记忆与其他精神活动相比如此迟钝呢？我们完全有理由相信，幼儿期的接受能力和再现能力本应是最强的。[1]

但通过心理学研究，我们必须承认那些被我们遗忘的记忆，仍然在我们的精神生活中留下了极其深刻的印象，甚至决定了之后未来的发展。

因此，其实孩提时期的记忆并非被彻底消去了，只是对其有所遗忘而已，其本质是意识受到了一定的阻碍（排挤），如此类似的现象我们也能在一些精神病患者身上观察到。

但究竟是什么样的力量排挤了幼儿期的印象呢？若能解开这个疑问，我们或许就可以解释歇斯底里症患者的遗忘症。

无论如何，我们必须指出幼儿期经历的这种遗忘现象，提供了一个将孩童和精神病患者的精神状态做对比的契机。说不定最后会发现幼儿期的遗忘其实也与幼儿期的性行为脱不了关系。

于此之前，我们在提到有些精神病患者对性的认识依然停驻或

---

1 我曾在《遮蔽性记忆》一文中，试图解决一个与孩童的早期记忆相关的问题。（参见《日常生活的精神病学分析》第4章。）

者回归到幼儿期时，已经做过类似的对比。此外，这种将幼儿期的遗忘与歇斯底里症患者的遗忘联系在一起的说法，并不是什么玩笑话。

歇斯底里式遗忘症是受排挤作用而造成的，因为患者的意识中已经存在一系列不能为其所用的记忆痕迹，但它们有着一股吸引力，能够在联想的过程中，将存在于意识里的记忆拉入意识的盲区。[1] 可以说若没有幼儿期的遗忘做铺垫，歇斯底里式的遗忘症也根本就不会出现。

我认为幼儿期的遗忘，导致人们回想自己的童年时如雾里观花，它掩盖了孩童性发育的经历，因而人们不敢相信孩提时代的经验会对将来性生活发展产生重大的影响。不过要填补人们意识中的空白，凭我个人的力量是杯水车薪的。

自1896年起，我便致力于使人们相信，幼儿期是性发展的第一个阶段，强调幼儿期对于一些和性生活有关的现象具有重要作用。

1. 幼儿的性潜伏期及其中止

研究显示，一个人的幼儿期存有大量异常、例外的性冲动，而对精神病患者儿时记忆的发掘，也帮助我们描绘了这样一幅幼儿时

---

1 这两类情况里，如果只能考虑其中的一种，那我们就无法理解心理压制的作用规则，好比游客在攀登吉萨金字塔时，必须一边推一边拉才能上去一样。

期的性行为图景：[1]

　　婴儿身上就有性冲动的萌芽，这是众所周知的。但这些萌芽发展了一段时间后，又有很长一段时间受到压制。不过在性发育持续冲击下，随着个人体质的增强，这种压制终究会被打破。这一发展过程有着怎么样的周期性和规律性，至今尚无定论。一般而言，幼儿的性活动在三至四岁时就能被观察到。

　　此外，幼儿性功能的这一论断也能在解剖学上得到印证。拜尔（Bayer）曾发现，新生儿的内生殖器官（如子宫）要比年龄稍长的孩童显得大。哈尔班认为，这是一个人的生殖器官在出生后逐渐退化的结果，但这一点尚未被证实。

　　哈尔班于1904年在《助产学和妇科学》杂志上发表文章说，"这种退化完成于出生几周后"。某些专家认为性腺细胞间隙组织是决定性行为的关键组织，通过解剖学研究，他们发现了幼儿性欲和性潜伏期的存在。以下文字引自利普舒茨的《青春腺及其作用》一书："我们之所以认为青春期是性成熟的标志，是因为这一时期性发展开始加速。但实际上，这一过程早已经开始，在我们看来它始于胚胎时期。"

　　费伦斯也曾经撰文指出："我们现在所说的出现在十五、十六

1　我们使用这些说法依据，是因为精神病患的儿童时期在本质上与健康人并没有什么区别，只是现象的强度明显与否。

岁左右的青春期，其实是青春期的第二个阶段，从出生到十五、十六岁的这一阶段，我们可以称为青春期的中间阶段。"他的观点证实了人类发展在解剖学和心理学层面上皆有一致性。但他认为，人类性器官发育的首次高峰是胚胎时期，而孩童性生活步入早熟阶段则是在三到四岁的时候。当然，我们不能期望心理上的成长能与生理上的成熟步调完全一致。由于动物没有心理学意义上的潜伏期，我们也就无从知晓这些专家所认为的两次性发展高峰是否也在其他高等动物身上存在。

2. 性压抑

就在性活动完全或部分潜伏的时候，那些会阻碍性冲动发展的精神力量（厌恶感、羞耻感、审美和道德感等）也在此时成形。它们就像消波块一样，为活跃的性冲动设置堤防。

我们过去总认为，生活在文明社会中的孩子，是在教化中学会设置这些障碍的，但事实上，即便没有教育，这些精神力量也可能诞生。教育固然十分重要，这也是机体发育的必由之路，它使得这股精神力量得以强化，使其变得更为纯粹而有力，但它仅能在相当的权利范围之内起作用。

3. 反向作用和升华作用

精神力量对个人此后文化的习得和常态的保持有着关键的影

响，那么这些精神力量又是以什么样的方式形成的呢？

这也许是幼儿期性欲自身的影响。在潜伏期，性欲依然汹涌，但其绝大部分的能量早已脱离了原本的性目标。性冲动脱离原来的性目标，转向新的目标的过程，称之为升华作用。正是在这种升华作用的帮助下，我们的文化才得以成就。这一点得到了所有文化史专家一致的赞同。

而我想补充的是，这种升华作用发生在每个人身上，其源头可以一直追溯到童年时代的潜伏期。[1] 我们也可以稍加揣测一下升华作用的机制：一方面，由于幼儿生殖器官发育尚不成熟（这也是潜伏期的重要标志之一），因此性欲没有足够的作用空间；另一方面，幼年的性欲本身是反常的，它源自快感区，以性冲动的形式得以表现，但只会在个体发育的过程中带来不快。于是，一股精神上的反作用力（反向欲望）就被唤醒，厌恶感、羞耻感和道德，构成了对抗这种不快的精神堤防。[2]

4. 潜伏期的中止

当然，我们上述对幼儿性潜伏期的观点有一些猜测意味，论述

1　"性潜伏期"一词源自W. 佛里斯。
2　在现在这种情形下，性冲动的升华作用恰好与反向作用殊途同归。但通常来说，这两个过程还是相对独立的。除了反向作用外，还存有其他一些更为简单的升华作用形式。

也不甚清晰。不过在现实中，能对幼儿性欲善加利用，更多的是教育者的一种理想，具体到每个人身上，情况都会有所不同。有时一部分性表现会从升华作用中回归，有时性冲动会在潜伏期一直蠢蠢欲动，直到青春期到来时彻底冲破束缚。

　　在关注幼儿性欲时，教育者们似乎很是赞同我们的观点，相信道德的防御力量源自阻挡性活动，且相信幼儿的性活动无法驯化。但事实上，他们把孩童的所有性表现视作恶习（不过对此也没有太好的办法）。不过，我们却很愿意认真去研究这种被教育界视作洪水猛兽的性表现，因为我们希望能从中发现性冲动本来的面目。

2

幼儿性欲的表现

1. 吸吮现象

在幼儿性欲的表现中，吸吮是十分具有代表性的一种现象。对于此种现象，匈牙利儿科医师林德纳（Lindner）曾有过精辟的论述：婴儿天生就有吸吮的行为，这种行为将一直延续到成年，甚至持续终生。

吸吮是指有规律地用口腔嘴唇去反复触碰一样事物，但这并非都以汲取营养为目的。自身的嘴唇舌头固然是婴儿所爱吸吮的对象，有时候拇指也难以幸免。同时，婴儿还会表现出抓取东西的欲望，他们会用同一节奏扯弄自己的耳垂，或者他人身上的某个部位

　　最初，快感区的满足与食欲的满足是一起产生的，人类的性行为在幼儿期是与维系生存的功能紧密结合的，随后才独立出来。

（通常是耳朵）。

吸吮的动作会消耗一个幼儿的全部注意力，使其沉沉入睡，或者出现类似性高潮的和谐反应。[1] 伴随着吸吮，婴儿还会不自觉地抚摸自己的某些敏感部位，如胸部或外生殖器。许多小孩便由吸吮开始，走上了自慰的道路。

林德纳十分明白是性欲驱使了这一行为，他也直截了当地指出了这一点。在育婴室里，小孩吸吮手指其实就是一种另类的性犯罪。至于那些对林德纳的观点提出异议的儿科医师和精神病医师，多半是混淆了性与生殖器的区别。不过这两者之间的分歧，也同时带来了一个难题：什么才是孩童性表现的基本特征？

在我看来，通过精神分析研究，我们逐步认清了种种现象之间的关联。我们完全有理由将吸吮当作婴儿的一种性表现，并从中发现幼儿性行为的基本特征。[2]

---

1 说到这里，我必须提出一点：性满足是一种最好的催眠剂，这在人的一生中一直如此。许多精神病患者失眠，多是因为其在性生活方面得不到满足。而大家也都知道，有些保姆通过抚摸婴儿的生殖器促使其入睡。

2 有一位加伦特博士（Dr.Galant）在1919年的《神经科学中心通讯》第20期上发表过一篇名为《吸吮》的文章，文章引用了一位成年女子的自白。这位女子一直不曾放弃幼儿时期的性活动，她认为吸吮所带来的满足感完全可以媲美性行为，甚至要强于来自情人的热吻。"并非一切的吻都抵得上吸吮：不，不，远远不及！吸吮带给身体的感觉，完全不能用言语形容。它使人飘然如醉，感到绝对的满足。这种感觉实在棒极了，我所需要的只有宁静，永远不被扰乱的宁静。这是一种难以言喻的感觉。"

2. 自体享乐

由此，我们有必要深入分析一下这方面的例子。

我们发现，这类的婴儿性行为有一个特点，即其性冲动的作用对象并非他人，而是自身。他们在自己身上获得满足，哈夫洛克·霭理士把这种行为叫作自体享乐（Autoerotismus）。[1]

此外，我们还发现当孩童吸吮时，是在试图找回一种曾经经历过的快感。他们通过有规律地吸吮某处皮肤或黏膜，很容易就能获得满足。

我们能联想到孩子所追寻的愉悦感受，最初是在什么状况下获得的。在其第一次也是一生中最重要的一次生命体验中，通过吸吮母亲的乳头或奶嘴等替代物，孩子们已经对这种感觉十分熟悉了。我们认为，孩子的嘴唇如同一个快感区，温润的乳汁从此流经，继而引发了孩子的快感。

最初，快感区的满足和食欲的满足是一起产生的，人类的性行为在幼儿期是与维系生存的功能紧密结合的，随后才独立出来。如果你曾经将一个喝饱奶的孩子从母亲的胸前抱开，他红通通且微笑满足的小脸，其实和成年人获得性满足时的表情如出一辙。

但之后，获得性满足的需求和摄入食物的需求分开发展，因为

1　哈夫洛克·霭理士所说的"自体享乐"，事实上与我们今天理解的有所不同，它主要指那些来自内部，而非在外在刺激作用下产生的兴奋。且对于精神分析学说而言，更重要的不是它的来源，而是一个人与性对象之间的关系。

当孩童长出牙齿后，他们获得营养的方式已变成咀嚼而非吸吮。

孩子们不喜欢吸吮陌生物体，吸吮自己的皮肤会让他们感到舒服很多，因为此时他们尚不想与外界交流，所以算得上是他们身上第二个快感区的皮肤就成了选择的对象，尽管其重要性稍微逊色。

正是因为皮肤的重要性难以与嘴唇匹敌，它才最终被嘴唇抛弃，而被另一个人的嘴唇所取代。（有句话说得恰到好处："真遗憾，我不能亲吻我自己。"）

但也不是所有孩子都喜欢吸吮，只有那些天生就具有敏感的嘴唇的孩子才会如此。这种行为如果一直保持下去，这些孩子将来一定是善于接吻的人，甚至可能会亲吻同性。若孩子碰巧是男孩，将来还有可能养成抽烟酗酒的习惯。

若他们这类的冲动受到过于强烈的排挤，就可能会出现厌食的症状甚至呕吐。这是因为嘴唇是接吻和进食共享的部位，对性欲的排挤也会影响到食欲。我治疗过许多有进食障碍、歇斯底里式的塞喉症、窒息感和呕吐等症状的女患者，她们童年时往往都有习惯性的吸吮动作。

在吸吮这个动作上，我们已经可以了解到幼儿性欲表现的三大基本特征：

（1）幼儿性欲的产生与进食的功能关系密切；

（2）幼儿性欲还没有性对象，仍处于自体享乐阶段；

（3）幼儿性欲的性目的受快感区的直接控制，我们暂且认为这些特征也适用于幼儿性冲动的其他行为表现。

3
幼儿性欲的性目标

1. 快感区的特征

我们从吸吮这个例子中，又获知了不少识别快感区的方法。通常来说，快感区是指某处在特定的刺激下能使人获得一定快感的皮肤或黏膜。然而促使快感产生的刺激需要具备特定的条件，我们对此还不甚了解。

可以肯定的是，这种刺激具有某种规律性，与发痒类似。但是由此产生的快感是否具有特殊性，是否是性行为所专属的，我们还不甚清楚。对于快感的心理学研究还有许多未知，在这方面我们还需要谨慎看待，也许若干年后，我们会找到支持其特殊性的理由。

快感区的特征在部分身体部位上十分明显，正如吸吮的例子所显示的那样，有些地方天生就是快感区。但同样的例子也可以表明，任何其他的皮肤或黏膜都可以在特定条件下转化为快感区。如此说来，刺激的强烈程度其实更取决于所生成的快感强度，而非其所作用的身体部位。

喜欢吸吮的孩子遍寻自己的身体，然后找到某个身体部位作为吸吮的对象，习惯成自然，那个部位便成了他最常吸吮的对象。如果他之后恰好碰到了某个天生的快感区（如乳头或性器官），那这些地方自然就会成为他长期青睐的对象。

歇斯底里症的临床表现中，我们也能从中发现类似的可转移性。在这种精神病中，患者自身的性器官受到强烈的排挤，其敏感性转移到了其他身体部位。于是，这些本不应该成为成年人快感区的部位，也开始起到性器官的作用。但除此之外，身体其他部位也可能在刺激之下成为快感区，这点和吸吮的情形是一样的。快感区和歇斯底里症的发作区具有相同的特征。[1]

1　经过更多思考和观察其他结果的评价之后，我相信所有身体部位，甚至内脏器官都具有成为快感区的潜能。具体请参见我对于自恋的论述。

2.幼儿的性目标

幼儿期的性目标，是通过刺激特定快感区，进而获得性满足的。这种满足感必须是幼儿曾经历过的，他的心中有重复这种满足感的需求，这样的经历（如吸吮乳头）早有安排，大自然已经在这方面做了精心的设置。[1]

在此之前我们已经提过，口腔在咀嚼食物时，也会让人感受到性快感，以后我们还将遇见更多类似的例子。

当一个人想要重复之前所获得的满足感时，他的状态大致是：一方面，他会有种奇特的紧张感，这种紧张感易使他感到不快；另一方面，其神经中枢会开始有瘙痒感，并将这种感觉投射到其他次要的快感区。所以我们完全可以认为，人类的性目标是用外在的刺激替代或消除内心投射到快感区的瘙痒感，在消除此种瘙痒感的同时获得满足。而且这种外在的刺激方式往往与吸吮这个动作有一定的相似性。

生理学知识表明，性需求其实也可以在边缘区域生成，从而造成快感区的实际变化。然而，对同一个区域的刺激，既可以消除某种感觉，又可以使人产生新的快感，这听上去多少有些矛盾。

1　在生物学研讨中，我们很难避免目的论的思考方式，尽管明知在某些情况下可能会误导人们。

　　人类的性目标是用外在的刺激替代或消除内心投射到快感区的瘙痒感，在消除此种瘙痒感的同时获得满足。而且这种外在的刺激方式往往与吸吮这个动作有一定的相似性。

4

快感、自慰与性表现[1]

在理解了其中一个快感区的性冲动后，我们就能进一步了解幼儿性行为的本质。不同快感区之间的最大分别，就在于要使人产生满足感，所需的动作不尽相同。就嘴唇而言，吸吮是使其获得满足感的动作。由于每个部位的构造和状况不同，其所需的动作也存在区别。

---

1 针对这个问题的观点还较为混乱，但已经有许多文献进行了论述。例如罗乐德（Rohleder）于1899年出版的《自慰》和1912年出版的《维也纳精神分析协会研讨集》第2册。

1. 肛门区的活动

与嘴唇一样，肛门区的性活动和其他身体部位的活动之间也存有联系。可以说，肛门区域本身具有很强的性意义，精神分析研究发现，这个区域的性冲动会产生令人惊奇的变化，同时它还保持着相当强的性感受力。[1]

孩童的肠胃经常会出现不适，这使得肛门区并不欠缺强烈的刺激。举例而言，在年幼时受肠炎所苦，孩童就会变得有些神经质；待长大成人后，肠炎也会对精神病患者的某些症状产生影响，这都与肠胃不适有关。肛门区在经历了刺激和变化后仍然能够保持其性刺激意义，那么古代医学一直强调的痔疮对精神病的影响，或许便来自于此。

孩童时常通过控制排便来获得快感，当肛门的粪便累积到了一定程度，进而引发强烈的肌肉收缩，大量的粪便通过肛门黏膜时，便会产生强烈的刺激。

虽然这种刺激伴随着一定程度的痛楚，但更多的还是快感的满足。所以，如果一个孩童坚决拒绝在看护者的要求下如厕，而较随着自己的心意行事，那或许可以被视作某种怪癖或神经质产生的前兆。

当然，孩子们并不是有意要弄脏床铺，他们可能只是不想错过

1　参见拙作《性格和肛门性欲》与《论肛门性欲的性冲动转换》。

排便过程中伴随而来的肛门性快感。有些教育家认为那些不愿意去排便的孩子是"坏孩子"，从某种意义上说，他们的说法恰到好处。

肠道排泄物除了刺激肛门黏膜，使人产生性快感（它的机制还类似于幼儿期过后才起作用的另一个器官）外，对于孩童来说还具有其他特殊的意义，即孩童把排泄物看作身体的一部分，顺从排出就意味着奉献和服从，反之，拒绝排便则表现出了其对周围环境的不满。

这里的"奉献"，对于幼儿而言就意味着排泄等同于"生孩子"，在幼儿的性认识中，孩子是吃了东西之后怀上的，之后通过肠道排出来。

最初孩童为了刺激肛门区，憋住粪便不排出体外，从而达到一种自慰的目的，或者是为了向自己的看护人提出抗议。这种现象也可用来解释为何许多精神病患者都有便秘的情况。几乎所有精神病患者的排便习惯都十分奇特，他们将其视作某种仪式，小心地保护着排便的过程，从中我们也可以了解到肛门区的重要意义。[1]

---

1 路易·安德里亚斯·萨勒莫（Lou Andreas Salomé）于1916年发表的《肛门与性欲》一文，大大促进了我们对肛门性欲的认知。他认为，孩童第一次被禁止通过肛门的性活动获取快感，会对他们之后的性发育产生极大的影响。因为这是他们首次感觉到周遭环境对他们性冲动的压抑，是他们第一次学会将自我与外界划分开来，也是他们性快感第一次受到心理作用的压抑。从此之后，肛门就成了一个可耻、令人唾弃的象征。随后，人们被要求将肛门性行为和生殖器性行为严格区分开来，这与肛门和生殖器在生理结构和功能上的相似性和紧密性形成对立。事实上，生殖器与泄殖腔紧密相邻，"在女人身上甚至本来就是一体的"。

此外，稍微大一点儿的孩子，在内心或者次要快感区瘙痒感的作用下，还会用手指对肛门区进行自慰，如此案例也屡见不鲜。

2. 生殖区的活动

在孩子的快感区中，生殖区域并非首位，也不是早期性冲动的作用区域，却在成年人性活动中具有举足轻重的地位。无论男女，这种地方（龟头和阴蒂）都与排尿有关，它们最初被包裹在黏膜囊中，因此常常受到分泌物的刺激。这一快感区的性活动，是真正意义上的性器官活动，也是其后"正常"性生活的一部分。

由于身体构造的原因，有些人内分泌十分旺盛，沐浴时的洗刷和摩擦，以及某些偶然的刺激（如蛔虫在女孩身体内的蠕动），都不可避免地使得这些区域在幼儿期就感受到性刺激，也使孩子产生重复体验这种快感的需求。我们可以看到，对生殖区产生刺激的方式不胜枚举，本应以清洁身体为目的的洗澡活动，反而使得一个人心生欲念。此外，幼儿期的自慰对生殖器的触碰，也奠定了其之后在性行为中的主导地位。

孩童可以通过以手触碰或按压生殖器来消除瘙痒感，以获得满足感。女孩们夹紧双腿也能取得类似的效果；至于男孩们，更喜欢用双手自慰，从中也可见男性有更强烈的征服欲望。[1]

1　成人自慰的方式繁多，可见自慰禁忌虽已经被打破，但还是有着深刻的影响。

　　若将幼儿时期的自慰主要分为三个阶段，也许有助于我们更好地理解。第一阶段就是我们说到过的婴儿哺乳期；第二阶段出现在四岁左右，在一段较短的时期内，孩童的性行为十分频繁；第三阶段就是通常所说的青春期自慰。

3. 幼儿自慰的第二阶段

　　一般而言，幼儿时期的自慰时间较短，但也有一些人的自慰行为偏离了文明人群所追求的发展方向，且一直持续到了青春期，这可谓是文明的一大缺憾。

　　在哺乳期之后，大约是在四岁之前，生殖区的性冲动又会重新苏醒，如果精神力量等性阻力没有出现，那这股性冲动将会伴随着自慰行为一直持续下去。当然，这一阶段的情况因人而异，需要仔细分析每个个案才能了解性冲动所有可能的发展方向。但能确定的是，孩童第二阶段的性行为（在其不知情的情况下）会在一个人的记忆里留下深刻的印象。对于一个正常人来说，这将决定他未来的性格；而对于在青春期后患上精神病的人而言，这将决定他可能出现的症状。[1]

　　在后一种情况下，精神病患者往往对这一段具有决定意义的时

---

[1] 不久前，布罗尔乐指出，精神病患者的罪恶感往往和对青春期自慰行为的回忆有关，不过此点还有待进一步剖析论证。但总体看来，有一点是不容辩驳的：自慰是整个幼儿期性行为的外在显现，同时也继承了与此相关联的所有罪恶感。

期记忆模糊。此前我曾提到过，幼儿期的遗忘实则与幼儿期的性行为存在关联，通过精神分析的研究，我们可以找回被遗忘的时光，发现那些隐藏在潜意识中的精神元素，从而消除那些因其而引发的强迫症行为。

4. 哺乳期后自慰的重现

到达一定年龄之后，哺乳期的性冲动会重新出现。它或是表现为由内而外的瘙痒感，且只有自慰才能得以满足；或是表现为一种类似梦遗的行为，这跟性成熟后的梦遗类似，使人不需要采取任何行动，就能获得满足。

后一种情况常见于进入童年后期的女孩身上，至今仍原因不明，似乎是由早期频繁的自慰所引起的（但也非必然）。不过由于生殖器官尚未发育成熟，与其相邻的泌尿系统承担了其大部分功能，且这类性行为的表现也不明显。有些孩童会感觉膀胱肿胀（其实是性欲受到阻碍的表现）；有些孩童则在夜间遗尿，这若非由羊痫风所引起，那就是类似梦遗的表现。

通过对精神病症状的分析和精神分析研究，我们对于这两种情况都有了较为准确的认识。哺乳期的性行为之所以再现，内外因素都不可或缺。暂且撇开内在因素，光是这一时期出现的外在因素，就有着深远的意义，其中最重要的外因当然是不当的诱导，有些人将孩童作为性对象，使得孩童的性满足大受震撼，从而一再地试图用自慰的方式重新寻回此种满足感。这种影响可能来自成年人，也可能来自其他孩童。

在1896年由我撰写的《歇斯底里症病源学》一文中，尽管还尚未意识到正常人在童年时有过性经历的可能性，所以将诱导看得比其他的性行为和性发展更为重要，但我现在仍不认为自己高估了这类事件出现的频率和意义，以及对孩童未来性生活发展的影响。[1]

当然，仅仅是诱导还不足以使孩子的性生活彻底觉醒，其中必然还有内因的主动参与。

5. 性变态的多样化

在诱导之下，孩童可能会有多种性变态倾向，甚至出现各种出格行为。由此可见，孩童本身就具有适应这种倾向的能力。然而变态倾向之所以能够畅行无阻，是因为由羞耻感、厌恶感和道德所组成的精神力量尚未成形。孩童此时的行为，与原始社会中那些尚未开化的普通妇女无异。

1　哈夫洛克·霭理士在1903年一本名为《性感觉》的书中附录里，列举了一些正常人对自己童年时第一次性兴奋及其诱因的自述。当然，由于幼儿时期的部分记忆遗忘，这些人的报告都还不够完整。对于史前性生活的研究，还需要通过对精神病患者进行精神分析才能逐步完善。但无论如何，这份报告依然十分有价值，它修正了我对精神病病因的一些看法。

那些尚未开化的普通妇女的身体里，往往具有各式各样的性变态因子，也许在一般情况下，她们的性行为还能表现得很正常，可是一旦在某个"行家"的诱导之下，她们有了各种性变态行为的体验后，就可能从此一发而不可收。

此外，许多性工作者的职业活动中也常见多样化的性行为，虽然日后可能不再从事该职业，但其性行为的取向却没有改变。考虑到这类人数的庞大，我们必须承认，性变态的取向由来已久，是人性中普遍存在的。

6. 部分冲动

外界的诱导并不能帮助我们厘清性冲动的原始作用，相反，它过早地将一个孩子引往某种性对象，然而幼儿时期的性冲动本身并不需要，这反而混淆了视听。

在此我们必须认识到，尽管幼儿期的性冲动主要集中在某些快感区，但其中还是有将他人视作性对象的性冲动存在。这些性冲动与快感区无关，主要表现为窥视、暴露快感和暴力倾向，它们是窥阴癖、露阴癖、施虐狂、受虐狂等症状的萌芽，但需要等一个人发育到一定阶段之后，才会完全成形，不过它们作为从快感区独立出来的性行为，已经开始锋芒毕露。

孩童不懂得羞耻，往往喜欢裸露身体，尤其喜欢展示性器官。另一种表现，则是他们窥视性器官的好奇心，不过这一点可能要稍晚几年才会显露出来，但那时的他们已经有了一定的羞耻心。但在外来诱导的影响下，变态的窥视行为，可能会对孩童的性生活影响甚剧。

然而，通过对健康人和精神病患者的童年研究发现，窥视欲其实更多的是一种孩童自发性的性表现。孩童专注于自己的性器官（这通常会伴随着自慰发生），如果此期间没有外来的干预，他们就会将这种关注拓展至玩伴的性器官上。

但因为只有在别人排泄时，才能看到彼此的性器官，久而久之，这些孩童就成了窥阴癖者，十分热衷于窥视他人排泄的过程。虽然此种倾向随后会受到排挤，但观看（同性或异性）性器官的冲动仍然会在这些人身上持续作用。在有些案例中，这就是造成精神病患者发病的首要因素。

孩童性冲动中的暴力成分，更是无关于快感区的性活动。孩童容易性情残酷，是因为自制力和同情心等力量形成较晚，使得征服他人、从他人痛苦中取乐的念头得以畅行。对于这种冲动的成因，至今还没有很成功的精神分析，不过我们有理由相信，此种暴力倾向乃是由于孩童的控制欲，当性器官开始起作用时，这种暴力倾向就构筑了性生活的一部分。

这段性生活受暴力倾向控制的时期，我们称之为"性器官前期"（Prägenitale Organisation）。那些对小动物和玩伴残忍的孩童，往往经历过强烈的快感区性活动，而快感区性活动是所有早熟性冲动的最主要标志。如果没有精神力量（如同情心）的限制，这种童年与快感区联结紧密的暴力倾向可能会伴随一个人一生，这无疑是非常危险的。

自卢梭的《忏悔录》付梓之后，我们了解到教育者以打臀部的方式对孩童施行惩戒，会让其臀部皮肤感到痛楚，产生刺激，这正是暴力冲动的被动形式（受虐狂）的快感由来。

为此，有教育家提出，不应对孩童进行任何形式的体罚，尤其是打臀部这种行为更应被杜绝。这么做，也是防止原欲在文明的教导之下走向殊途。¹

1　关于幼儿性欲的上述观点，是我于1905年在对成年人进行精神分析的基础上得出的。当时，对孩童的直接观察还未能全面，其成效也无法完全彰显。此后，通过分析一些精神病孩童的个案，我对婴幼儿的性心理有了更直接的观察。我可以自豪地指出，直接观察结果证实了精神分析研究所得出的结论，也从而印证了精神分析方法是一种十分可靠的研究方法。此外，我所撰写的《对一个五岁男孩恐惧症的研究》一文中，也提出了一些精神分析尚没有触及的区域，如性的象征化（即用一个与性无关的对象来代替性对象的方式，这在孩童学习语言的第一年就已出现）。另外我还要补充说明一点：为了清晰论述，我对自体享乐和对象投射两个阶段做了明确的区分，仿佛两者间存有明显的时间差异。但无论是我引用的分析案例，还是贝尔的发现都表明，孩子在三到五岁时就已经能够清楚地做出对象选择。

5
幼儿的性研究之路

1. 求知欲

孩子们的性生活日渐蓬勃（这大概是三到五岁之间），与之同时，他们的求知欲和探索欲也开始萌芽。

求知欲并非性冲动的组成部分，但也不能说跟性欲毫无关系。从一方面看，它是控制欲的一种升华；从另一方面看，其能量出自窥视欲。

事实上，求知欲与性生活两者关系相当密切，通过精神分析研究我们知道，孩童的求知欲极早出现，且受到性问题的强烈吸引，求知欲或许就是由性问题所唤醒的。

2. 狮身人面像的谜团

使孩童积极探索的，并非获取知识的热情，而是实际好玩的兴趣。在孩子们的经历或臆测中，都有另一个孩子威胁到他们地位的故事。他们会担心一旦此事成真，另一个孩子就可能夺取原本属于他们的关注和爱。

这使得他们变得敏感且惶恐不安，他们首先要研究的不是两性之间的差异，而是"这孩子是从哪来的？"只要我们回想一下，就可以观察到这个问题其实跟斯芬克斯狮身人面像所提出的谜语大同小异。我们以为孩童能够清晰无碍地认识到两性之间的差异，但男孩理所当然地认为，所有他认识的人都跟他一样拥有阳具，没有阳具的人，绝不会出现在他的概念里。

3. 阉割情结和阳具崇拜

男孩们坚持着自己的看法，然而在事实面前，加之剧烈的内在争执（阉割情结），他们不得不放弃原先的看法。而对女孩们来说，她们总想为自己所没有的阳具找到替代物，这也为种种的性变态行为埋下了伏笔。[1]

认为所有人都拥有阳具的想法，是幼儿性理论中最难解但也影

1　男孩和女孩都认为，女孩本来也有阳具，只是被阉割掉了。当男孩发现女孩缺乏阳具，他们会对女孩产生鄙视心理，而女孩则产生阉割情结。

响最为深远的一点。尽管生物学知识指出这种看法其实只是一种偏见，阴蒂也可以被看作阳具的替代物，但得不到孩子们的认同。

起初，小男孩看见小女孩缺乏阳具，会拒绝接受男女之间的差异；而小女孩看到小男孩的阳具后，她们会接受这一事实，随之产生一种阳具崇拜，希望拥有阳具，成为一个男孩。这种愿望也对女孩的性心理产生了深远影响。

4. 生育理论

相信在青春期之前的这段时期里，很多人都曾经对于"自己是从哪儿来的"这个问题有过浓厚的兴趣。当时的答案可能五花八门：有人认为是从胸部出来的；有人认为是从身体里掏出来的；也有人认为肚脐眼一开，自己就钻了出来。[1]

但因为记忆受到内心的排挤，早年就这个问题进行探索的记忆，已经十分模糊了，但所有人得出的结论却出奇一致：他们认为人们（如同童话所描述的）是吃了特定的东西，随后怀上孩子，而生孩子的过程如排泄一般，孩子是从肠道里生出来的。

这种看法使我们想起了一些动物的构造，在那些比哺乳动物还要低等的动物身上，仍然保留着生殖排泄共享的泄殖腔。

---

[1] 孩子们在这段时期有各种性理论，本文仅列举了少数几例。

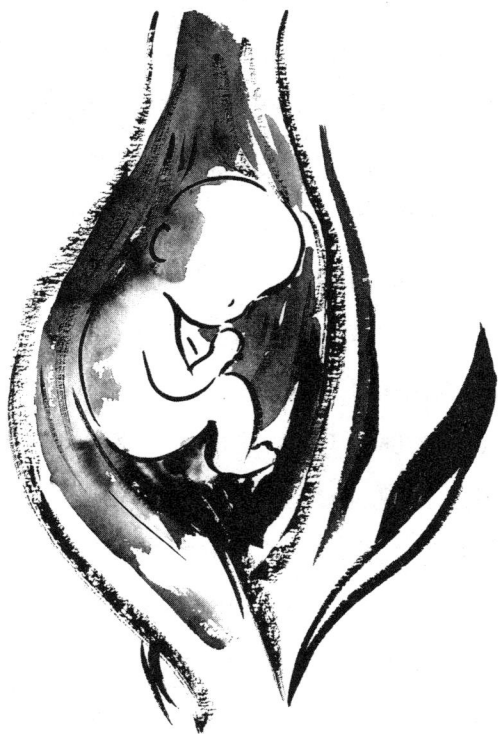

　　很多人都曾经对于"自己是从哪儿来的"这个问题有过浓厚的兴趣。当时的答案可能五花八门：有人认为是从胸部出来的；有人认为是从身体里掏出来的；也有人认为肚脐眼一开，自己就钻了出来。

5. 将性交视作虐待

有些成人认为孩子们不懂得何谓性，但若孩子们真的目睹了成人的性交行为，他们就会将其视作某种虐待或征服性质的行为，且对其中的暴力倾向印象深刻。

精神分析研究表明，童年的这类印象会深烙在孩子们心底，使其性目标发生偏离，出现虐待的倾向。另外，孩子们往往还会聚集在一起研究性行为或者他们对婚姻的认知。在他们的理解中，性行为可能与大小便功能密不可分。

6. 幼儿对性研究的失败

总体而言，幼儿的性理论是建立在自身性认识的基础上的，虽然他们的一些看法有些荒谬，但实际上他们对性行为的理解已经超越了对造物主的想象。

当孩子意识到自己的母亲怀孕时，也知道该如何正确解释这一现象，捏土造人、送子鸟的传说尽管口耳相传，但他们听了并不全然相信。但由于孩子尚不清楚具有授精功能的精子和女性尚未发育的卵巢的存在，他们的性研究往往受到阻碍，甚至使他们的求知欲受挫。

此时期的性研究总是独立进行的，这象征了孩子迈向人世的第一步，同时也使得孩子对自己原本信赖的人产生了疏离感。

6

性组织的发展阶段

　　综览上述，我们已经证明了幼儿期的性生活是自体享乐的（他们把自己的身体当作性对象），每一部分冲动都会独自行动，并最终达到获取快感的目的。

　　随着孩子的成长，他们的性生活会向成人正常的性生活靠拢，所有快感的获得都是以生殖为目的的，而部分冲动会在某个快感区的领导之下形成一个固定的组织，以期在自体之外的性对象身上实现自己的性目标。

1. 前生殖器性组织

对幼儿时期的阻碍和错乱进行精神分析研究之后，我们发现，在这一阶段部分冲动已经形成了一定的组织，一个性王国的轮廓已然构成。

这一阶段的性组织运行低调且平稳，不怎么显露其存在。只有在个例中，它才显得非常活跃，可以轻易地被观察到。

这些生殖器尚未主导的性组织，我们称之为"前生殖器性组织"。至今我们所知的"前生殖器性组织"主要分为两类，分别是"口欲的性组织"和"肛门性组织"（它们令我联想到了早期某些动物的状态）。

第一类前生殖器性组织被称作"口欲的性组织"，或者说是"食人的性组织"。这时，性活动和进食行为的区分尚未明确，男女的差异也不明显，一种行为的作用对象同时也是另一种行为的作用对象，人们的性目标是将性对象变成自己身体的一部分，这种心理的认同感对人类的心理发展具有重要意义，且吸吮行为也可被视作从这种病理学衍生出来的一种抽象性组织阶段的残留。在这个动作中，性活动已经从进食行为中独立出来，性对象也被自己的身体所取代。[1]

---

1 对于成年精神病患者身上的这种残留，可参考亚伯拉罕（Abraham）于1916年发表在《国际精神分析》杂志上的《原欲前生殖器时期发展研究》。其后来的文章（《试论原欲发展史》，1924年）中，亚伯拉罕明确区分了口欲的性组织和施虐性的肛门性组织，指出这两个阶段的针对性对象有着不同的行为表现。

第二类前生殖器性组织是施虐性的"肛门性组织"。在这类性组织活动中，男女的差异已然形成，但我们还不能将其称为"男性"的和"女性"的行为，而只能用"主动"和"被动"两个词去代替。乃因这类组织的活动主要由全身肌肉的控制欲决定，肠道黏膜则成了达成被动性目标的组织。

这两类活动都有自己的性对象，且两者的对象也不相同。除此之外，还有一些部分冲动以自体享乐的方式存在。即便在这一阶段，区别两性和外部的性对象就已经出现，但其性冲动仍未完全被生殖功能控制。

2. 矛盾心理

上述两类性组织都可能持续一生，人类很大一部分性行为也都与其有关。其明显的性虐待特征和肛门区的泄殖腔功能，使得这类性组织十分"复古"。另外，相反的性冲动也以成对的方式出现，这被布罗尔乐（Bleuler）称为"矛盾心理"，实在是非常贴切。

而我们对前生殖器性组织的认识大多来自对精神病的分析，如果没有对后者的研究，人们对前者就不可能有这么多的理解。我们有理由相信，随着研究的深入，能将正常性功能的出现与发展做更进一步的剖析。

为了让读者对幼儿性生活有更为全面的认知，我们还要补充一点：尽管一般认为对象选择是青春期才特有的，但早在幼儿期，孩童就已经开始选择性对象，他们一切的性追求会集中到某一个人身上，期望在他（或她）那里实现自己的性目标。对孩童而言，这已是他们接近成人正常性生活的最佳途径，因为他们的部分冲动还未形成力量，性器官尚不能充分地进行支配。

而进入到性组织的最后一个发展阶段，便是性器官以生殖为目的，开始对部分冲动进行引导了。[1]

3. 两个时期的对象选择

在正常情况下，性对象选择会分成两个阶段进行，或者说是进行了两次跨越。

第一次跨越始于两到五岁，直到进入潜伏期才渐渐平息，此时其性目标的选择主要依赖于孩童的本性；第二次跨越则从青春期开始，它将决定一个人今后的性生活走向。

由于潜伏期的出现，一个人的性对象选择被分割成了两个阶段，这会给一个人往后的性生活状态造成很大的干扰。

幼儿期的性对象选择会在稍晚重现，它既可能保持原状，也可

1　随后的1923年，我对自己的上述看法做了修正。我在两类前生殖器性组织之后，又加入了一个新的阶段。这个阶段已经与生殖器产生了关联，其性追求已经开始朝着生殖器靠近，但仍然与性成熟的最终组织有着根本上的不同。在这一阶段，孩童只知道一种生殖器，即男性的阳具，所以我也称之为"阳具崇拜期"。在亚伯拉罕看来，其生理学基础可以追溯到胚胎尚未实现两性分化的时期。

能在青春期发生更变。然而由于潜伏时期排挤作用的发展，幼儿时期的性对象选择已经毫无用处，性目标也不再那么重要，最终其成了性生活中某种"幸福的烦恼"。

精神分析研究证明，在这股柔情、尊敬和崇拜的背后，是幼儿期的部分冲动在作祟。青春期的对象选择必须避开幼儿期的性对象，它更多的是一种感性的选择。

幼儿期和青春期对象选择的不一致，时常使一个人一切的欲望无法聚集在一个对象身上，因此也就无法达到性生活的理想状态。

7
幼儿的性欲来源

在探寻性冲动来源的过程中，我们发现性兴奋有三个重点：

一是对其他组织结构所感受到的快感的重现；

二是源于周边快感区的刺激；

三是某些我们尚不完全了解的冲动（如窥阴欲或施虐倾向）的表现。

从一个人的幼儿期中找寻现象原因的精神分析研究，结合对孩童的同步观察，将是揭示性兴奋其他来源的双重方法。若仅对孩子进行观察，很可能会对观察对象产生误解，而精神分析的难处，是它在得出结论之前少有捷径。如果结合两种方法，我们就能较稳定

　　孩童通常很喜欢一些运动游戏，如荡秋千或被抛到空中，尽管他们只是被动地接受人的摆弄，但他们依然乐此不疲。这恰恰说明，一些特定的身体晃动会使人产生快感。

地观察到信息，得到知识。

在快感区的研究中，我们已发现人全身的表皮其实都有敏感度，快感区的敏感度则异常强烈，但如果我们发现，皮肤的某些普通刺激也可能引起性快感，那也无须惊讶。其中最主要的是温度刺激对人的作用，这或许也能帮助我们理解温泉的治愈效果。

1. 机械性兴奋

此外，有规律且机械性地晃动身体，也会引起性兴奋，这主要是因为平衡神经所连接的感觉器官、皮肤和深层部分（肌肉、关节等）受到了刺激。（不过必须指出，此处所说的"性兴奋"和"性满足"，其定义十分宽泛，稍后我们还会对其细加解释。）

孩童通常很喜欢一些运动游戏，如荡秋千或被抛到空中，尽管他们只是被动地接受人的摆弄，但他们依然乐此不疲。这恰恰说明，一些特定的身体晃动会使人产生快感。[1]

当孩童哭闹时，若我们晃动他们，就能使他们进入梦乡。稍大点儿的孩子，也都喜欢在车厢内不停跳动，或者在火车上晃动，几乎所有男孩都曾在某个阶段想过要当一名司机或者车夫。他们对铁轨上的任何震响都十分关注，在这个年纪（青春期之前不久）

---

[1] 有些人甚至记得，在身体晃动的过程中，气流冲击他们的生殖器，直接给他们带来快感。

里，其性幻想的中心可能便是火车之类的东西。

由于晃动能够使他们感受到快感，他们可能不自觉地将乘坐火车旅行与性活动联系在一起。但随后，在内心排挤作用下，儿时的喜好最后却成了累赘。

许多人在长大后会对晃动感到恶心，坐一次火车，往往会让他们累得要死，甚至变得焦躁不安。有些人更是患上了火车恐惧症，以拒绝乘坐火车的方式防止糟糕的经历重现。

事实上，在恐惧和机械晃动的双重作用下，一个人甚至会出现歇斯底里般的精神病症状，其原因尚不清楚。但我们至少可以猜测，这类影响虽然并不会引起太多的性兴奋，对于性兴奋的作用机制和化学机理却具有极大的破坏性。

2. 肌肉活动

普遍认为，孩童需要激烈的肌肉活动，因为他们从中可以获得难以言喻的愉悦。这种愉悦是否与性直接有关？是否会使人获得性满足或引起性兴奋？这些都还有待讨论。

我们认为，人们即使在被动状态下，也能从他人的动作中感受到性兴奋，但对此持不同意见的人也不在少数。不过事实上，许多人都说他们是在与玩伴打架的时候第一次感受到了生殖器的性兴奋的，简单来说，除了肌肉的紧张活动外，肌肤的接触也会引起性兴奋的到来。

有些人喜欢与特定的某个人打架、拌嘴，这正是他们对象选择的结果。同时，肌肉活动引发性兴奋的过程，也开始为性冲动的施虐发展做铺垫。许多人对儿时通过打架而得到性兴奋的经历记忆犹新，这也成了他们的性冲动所青睐的发展方向。[1]

除上文列举的以外，对于其他孩童性兴奋的来源，人们基本上没有什么疑问。

3. 情感过程

通过观察和研究，我们能轻易发现所有强烈的情感过程，即便是极为糟糕的记忆，都会影响到孩子们的性活动，这也能帮助我们更好地理解这些情感活动的病理学作用。

好比对考试的厌恶以及遇见难题时的紧张，对孩子与学校之间的关系不仅有着重大影响，还可能让他们在性表现方面取得突破。在这种情况下，孩童往往会不自觉地触摸自己的生殖器，甚至会产生类似梦遗的状况，使他们陷入难堪。

孩子的行为使老师和家长非常困惑，这就需要将其与萌发的性欲一同考虑。许多人在有恐惧、惊吓和害怕这类并不太舒服的情绪

---

1 通过对一些精神性步行障碍和空间恐惧的研究分析，打消了以往对于移动是否能给人带来性愉悦的疑虑。当代的教育十分崇尚体育运动，希望借此来转移年轻人对性行为的注意。确切地说，这是想用运动给人带来的快感来取代性方面的享受，从而将性行为回到自体享乐阶段。

时，能从中感受到性兴奋，这种感觉甚至会一生相随，也难怪许多人一再地追寻这类感受。当然，这类不适感不能太过于强烈，所以人们总从幻想、文学或戏剧中去寻找这类感受。

因此，只要在安全的范围内，痛苦其实也会给人带来性兴奋，这种情况大概也是施虐狂和受虐狂这类变态冲动的根源之一。我们慢慢发现，这类倾向其实也是许多因素共同作用的结果。

4. 智力活动

自然，智力活动对性冲动的影响也不能忽视。无论是未成年人还是成年人，当他们集中注意力在某项智力活动时，他们会精神高度紧张，性兴奋也由此产生。比如过度用脑会使人变得神经兮兮，这或许就是其背后的原因。

总体而言，我们对孩童性兴奋来源的研究称不上全面，但我们大抵可以得出以下结论：综观证据，虽然性兴奋的本质尚不清楚，但性兴奋的产生必须通过动作。即必须或多或少对我们敏感的皮肤和感觉器官进行刺激，性兴奋才会产生，而对快感区的刺激则是最有效的。

要产生性兴奋，刺激的质量便起着关键的作用，强度也不容忽视。另外，某些身体的活动若超过了一定限度，也会随之引起性兴奋。我们所说的部分性冲动，或直接来自性兴奋的内在来源，或来自其与快感区的内外共同作用。人体的任何一项重要机能，都可能在性兴奋的过程中发挥过功效。

我至今还无法将此命题表述得清晰得当，一方面是因为我的观察角度太过新颖，另一方面则是由于性兴奋的本质尚未得知。但即便如此，我还是要提出上述两点，我相信这将帮助我们在未来的研究中拓宽视野。

5.性构造的多样性

无论是从快感区的不同构造，还是从各种性兴奋的来源中，我们都能发现一个人的性构造天生就有很多阶段因素。我们有理由相信，尽管所有个体都会受到这些因素的影响，但其程度却因人而异。反过来说，某一个因素的强烈影响，也会导致性构造出现差异。[1]

6.双向作用

如果我们放弃那种称呼，不再使用性冲动的"来源"这种说法，那就很容易做如此假设：既然其他的身体功能也会引起性兴奋，那么性冲动也能反过来作用于其他身体功能。

以嘴唇为例，既然进食能够使人产生性满足，那么进食障碍就

---

1 如此，每个人都具有口腔性欲、肛门性欲和尿道性欲等发展阶段，我们不能因为相应的心理症结的存在，就判断一个人性反常或者患有精神病。一个人是否反常，还得看其性冲动中哪一种成分相对较为强势，并在实践中占据主导权。

有可能是由口腔的性干扰所致。另外，一旦我们知道集中注意力会引起性兴奋，那么也就不难想到，性兴奋也会反过来影响一个人的注意力。

由性干扰所引起的一些精神病，其症状可以表现为某些与性毫不相关的身体障碍，因此只要了解其他身体功能也会受性兴奋的影响，这一现象就不再难理解了。此外，性干扰除了对身体功能有所影响，也对其他的身体健康问题起着重要的作用。

至此，性冲动不再只是将自身力量全部集中在外部性对象上，性欲的升华作用也得以完成。但最后我们必须承认，对于性兴奋和其他身体功能之间的双向作用和影响，我们仍所知甚少。

第三章

"性成熟"
的青春

（ Die Umgestaltungen der Pubertät ）

进入青春期后，幼儿的性生活也开始渐渐转型为正常的终极形式。

以往，幼儿的性冲动主要是自体享乐；到了青春期，性冲动终于找到自己的作用对象。过去每一种的部分冲动和快感区都各自独立，皆在部分性目标中寻求自己的快感；现在，所有部分冲动都集中为同一个性目标努力，生殖器区也开始统领一切的快感区。[1]

由于男女两性新的性目标不尽相同，两性的性发展倾向也就此产生分别。男性的性欲接续了幼儿期的发展，蓬勃了起来，男性新的性目标是释放性产物（如精液），这与之前得到快感的性目标并不矛盾，并且若实现这一终极目标，也能给人带来很强烈的快感。然而女性的性欲则略微萎缩，不若男性这般蓬勃。

在此时期，性冲动开始专注于为生殖功能服务，实现这个过程，还需归功于性冲动本身的性别气质和特征。这时男女两方被性

---

1 我常常将本文中的描述对象模式化，这是为了更突出不同对象间的差异。此前，我已提过选择对象以及生殖器崇拜对于幼儿性欲的影响。

对象和性目标的"迷人魅力"相互吸引，这就好比有两股力量从一个隧道的两端同时开挖，最终打通了隧道，使得灵与肉得以结合，正常的性生活就此成形，幼年时的性欲也在此开花结果。

此外，在其他的身体组织中，要将多种功能联系在一起，组成一个复杂的新机制，并不容易，若新秩序不能有效建立，病态的干扰便可能出现。简单来说，性生活中的所有病态的阻碍，都是发展受到限制的结果。

1

生殖器的主导和前期快感

从前两章的论述中可知发展过程的起点和目标，不过实现发展的过程尚不明晰，还有很多疑问需要抽丝剥茧。

青春期最明显的变化，首先要注意的是外生殖器的发育，在幼儿期的潜伏期中，这部分的发育被抑制了相当长的时间；另外，内生殖器同时也在蓬勃发展，它们的成熟提供了足够的性资源，为繁衍奠下基础。这套复杂的器官系统，终于等到了大显身手的时机。

通过观察发现，性器官会在外界的刺激下产生作用，外来的刺激主要通过三种途径传导给性器官：

一是从外部对快感区进行刺激，产生快感；

二是在器官内部以我们尚不知晓的方式传导；

青春期的性兴奋体现在两个层面上：精神上的表现主要是高度急迫产生的紧张感；生理上的表现则有很多，最主要的是性器官会发生一系列变化，这就意味着它们已为性行为做好准备。

三是在精神活动中，外来的过去记忆和内在的兴奋共同引起性冲动。

这三者最后都会引起性兴奋，并分别体现在精神和生理两个层面上。

精神上的表现主要是高度急迫产生的紧张感；生理上的表现则有很多，最主要的是性器官会发生一系列变化（阳具勃起，阴道变湿润），这就意味着它们已为性行为做好准备。

1. 性紧张

性兴奋何以让人产生紧张感，十分难解，但解决这个问题将会更有效地让我们理解性行为的过程。

虽然心理学界对此始终没有统一的观点，但我依然认为，紧张感就意味着不适感，一旦人有了这种不适的感觉，就会在精神状态上做出改变，这显然不符合性快感的本质。事实上性行为中的紧张感会使人感到愉悦，即便当性器官仍在准备阶段时，这种满足也清晰可感。

那么这种不快的紧张感和快感之间到底有什么联系呢？快感和不适感的对立，触及了心理学的痛处。在这里，我们最好还是言归正传，别将这个话题扯得太远。[1]

1　我于1924年发表的《受虐狂的经济学问题》一文之序言中，提出了解决这个问题的尝试。

让我们来看看快感区是如何重新适应的，它们对于性兴奋的传导具有重要的作用。其中眼睛这个看似和性对象毫无关系的器官，却在追逐性对象的过程中扮演关键角色，因为它能在性对象身上发现美，从而使人产生性兴奋。性对象的这种气质被称为"吸引力"，吸引力让人感觉愉悦，从而提升性兴奋的程度。

若另一个快感区受到刺激，比如说用于抚摸的双手，其作用的效果也大致雷同。人们一方面会感到愉悦，并在这种愉悦感的鼓舞下做好性交的准备；但另一方面，性紧张的程度也会提升，可若它不能牵动更多的快感，就会给人带来更多不适。

举例而言，若一个达到性兴奋的女人，她的某个快感区的皮肤被人触摸，这可能会引起兴奋。这种触摸本身会使人产生快感，但更重要的是，它还能唤醒性兴奋，使人渴求更多快感。而这一作用的形成机制，正是我们要研究的核心。

2. 前期快感的形成机制

在性行为中，快感区的任务相当明确。在特定的刺激下，一个人身上所有快感区会产生一定的快感，并伴随着紧张感，从而促使性行为的完成。

而性行为的最后一步，就是以女性的特定快感区（阴道黏膜）去刺激男性的快感区（阳具上的龟头），在强烈快感的作用下，男性身体产生了射精的动力。这最后的快感，无论是从强烈程度还是作用机制来看，都与之前的快感有所不同。这是一种经由泄身而达到的完全满足，而且因为这种快感，原欲所带来的紧张感也就暂时被消除了。

在我看来，我们有必要对快感区所产生的快感，和由泄身所产生的快感加以区分。我们将前者命名为"前期快感"，而将后者称作"后期快感"（或"满足感"）。在幼儿时期，人们就能够体会到前期快感，虽然这种感觉当时并没有那么强烈；后期快感则是一种全新的感受，需要有一些基础，而青春期的性成熟正是获得这种快感的基础条件。于是，快感区的任务，便是通过产生在幼儿期就已经获得过的前期快感，最后使终极的满足感得以实现。

而不久前，我在另一个完全不同的精神领域，也发现了类似的案例，即少量的快感能引发更强烈的快感。这个案例将有助于研究快感的实质。

3. 前期快感的风险

前期快感与幼儿性生活之间，可能由于某些致病因素，反而得到了加强。

前期快感形成的机制，除了能够为达到正常的性目标提供助力，也可能带来危险。但若在性行为的准备过程中，或者某一处的前期快感太强，或者其造成的紧张感不足，都会使性冲动的作用偏离，甚至止步不前，从而任由性生活的准备工作取代正常的性目标。

经验表明，这一现象的出现，往往是由于某快感区或者某种部分冲动在幼儿期就已经给人带来了太过强烈的快感。若这种作用固执地重复在随后的性生活中出现，前期快感就无法接受生殖区的领导、无法适应新的秩序，并无法为后期快感服务。许多性变态行为便是如此生成的，止步于某个性行为的准备动作，便是它们的共性表现。

为了预防前期冲动偏离正轨，从而影响性生活正常作用机制的最好办法，就是在幼儿期确立生殖器区的主导地位。

这些过程通常是在幼儿期的后半阶段（八岁至青春期开始前）完成的。在此时期，生殖器区的功能已和成熟期的基本相同，当其他快感区受到刺激并产生快感时，生殖器区也能感受到性兴奋，并随之发生变化，只不过由于幼儿尚无法泄身，性行为也就此打住。

除了强烈的满足感，此时的孩童也能感受到一定的性紧张，尽管这种感觉并不强烈，也不易持续。因此，我们也就能理解为什么在论述性欲来源时，我们称其为性满足和性兴奋的结合体。

我们也发现，在研究孩童和成年人性生活的过程中，过于夸大了两者之间的区别，在此有必要做些修正——孩童的性表现并非与成年人的完全不同，其中也有正常性生活的特征。

2

关于性兴奋问题

快感区获得满足时，除了产生快感，还会产生紧张感。目前这种紧张感的来源和本质，仍不得而知。[1]

有人猜测紧张感来自快感本身，但这种说法不值一驳，因为在快感最为强烈、排出性产物的过程中，紧张感不仅没出现，反而完全被消除。因此，快感与紧张感之间的关系并非直接的。

---

[1] 值得注意的是，在德语中，人们用"Lust"一词来形容性兴奋时既有些满足，也有些紧张的感觉。"Lust"一词有两种含义，它既表示性紧张，也表示性满足。

1. 性产物的角色

一般情况下，只有性产物的释放能终止性兴奋，但除此之外，我们有理由相信性紧张与性产物两者间还有着更多其他的联系。

在节欲生活中，性器官时常会在夜间出现快感，并在梦中的性行为过程中排出性产物，即俗称的"梦遗"。对此，下面这种解释相当有逻辑：精液的积存造成了性紧张，但这股紧张感无法通过正常的性交解除，于是只能在睡梦中另觅他途。

性欲可以衰减殆尽的事实，也同样证实了这一点。如果精液量减少，那么不但无法正常进行性交，快感区也无法从正常的刺激中感受到快感。同时我们也发现，一定程度的性紧张，是快感区产生性兴奋的必要条件。

于是，我们就很容易接受一种流行的观点：性产物积累到一定的量，会促使人产生紧张感，因为它对储存器官的内壁施加压力，这种压力经脊髓中枢，一直上传到大脑中枢，从而在意识中产生紧张感。若快感区的兴奋能够促进性紧张，那么只有一种可能，即快感区与神经中枢之间存有解剖学上的联系。因此，神经中枢能够提升性兴奋的强度，且在感受到一定的性紧张之后促使其人发生性行为；可若紧张程度不够，神经中枢就会转而促进性产物的分泌。

在论述性过程时，冯克拉夫特-埃宾就用到了上述观点。但这种观点的不足之处，在于它仅能解释性成熟男性的部分，而对于女性、幼童及被阉割过的男性的性行为，都无法提出令人信服的论断。且在后三类情况里，都不存在性产物的累积，这让我们无法直接套用上述模式。当然人们总会想到变通的方法，使得这几类情况也可以从性产物累积的角度来解释。

但性产物累积说并非万能，有一些情况仍无法套用。

2. 内生殖器的作用

其实性兴奋在很大程度上和性产物的分泌无关，此点可在被去势的男性身上得到印证。

在这些人身上，性欲逃脱了去势的伤害，但其所意图终结的行为仍然存在着。此外，有些疾病会使男性的精子无法生成，可也没有使这些人的性欲和性能力受到损害。难怪C.里格尔（C.Rieger）会提出，如果男性在成年后才失去性腺，其精神生活并不会受到很大的影响。而在青春期前失去性腺的人，尽管其丧失了性征，但不一定是性腺丧失所造成的，也可能与其他因素产生的发育限制有关系。

3. 化学理论

人们在动物身上进行了一系列的实验，他们移除了脊椎动物的性腺（睾丸或卵巢），并在它们身上植入相应的类似器官，这一系列实验的结果为性兴奋的来源提供了印证，也证实了性产物累积说的失准。

在实验中，E. 斯坦纳赫（E. Steinach）成功地实现了雌雄性别的转化，并使动物的性心理行为随着生理性结构的变化发生了转变。在这一连串的变性过程中，起决定性作用的并非产生性细胞（精子或卵子）的性腺，而是被斯坦纳赫称为"青春腺"的组织。随着研究的深入，我们极可能会发现青春腺是雌雄同体的，这也是高等动物双性特征的直接证据之一。（但青春腺也可能不是唯一与性兴奋和性征发生关联的组织。）

不管如何，此项生理学的发现，与早已被我们熟知的甲状腺影响性欲的作用相契合。我们有理由相信，在性腺的间隙部分会产生某种特殊的化学成分，血液将这些成分带到特定的神经中枢系统，进而刺激其产生性紧张感。雷同的现象并不少见，好比外来毒素进入身体，也可能使某个特定的身体部位中毒。

至于神经中枢如何引起快感区的性兴奋，中毒反应和性交过程中的生理反应之间有何种区别，就不是我们研究的重点了。我们能断定的是：某些性产物以外的物质，其实也对性过程有着关键的作用。

虽然这种观点略微武断，但能够支持一个不为人知却又十分重要的事实：某些由性生活障碍所引起的精神病，其临床上的表现与中毒或禁欲的现象十分雷同，它们都是因为摄入了某种能够引起快感的毒素（生物碱）而导致的。

3

原欲理论

这种对于性兴奋化学基础的猜测与判断,与我们为了解释精神表现对性生活辅助的概念何其相似。

我们曾经提出"原欲"的概念,这是一种数量上时刻都会变化的力量,用以衡量性兴奋的过程和化学反应。因考虑其来源的特殊性质,我们将原欲与支撑其他精神活动的力量做区分,使其兼顾量和质的差异。且一旦确定性过程是由某种特殊化学作用所引起的,那么它就与一般摄取营养的过程有了本质的区别。

通过对性变态和精神病的研究分析,我们发现这类疾病中的性冲动其实不仅是由性器官产生的,也来自其他各个身体器官。

我们可以假设人体存有一个原欲库，并称其在心理上的表现为"自我原欲"（Ichlibido），而所有观察到的性心理现象，都可以用自我原欲的产生、增多、减少、分配和转移来解释。

但只有当自我原欲作用于性对象时，它才能被我们顺利观察和分析，这种原欲被称为"对象原欲"（Objektlibido）。我们发现，原欲或是附着在某些对象上，或是离开这些对象而转投其他对象，并借此操控一个人的性行为，原欲本身也暂时得到了满足。所谓的"转型性精神病"（Übertragungsneurosen，指歇斯底里症和强迫症）的精神分析，也为我们提供了更可信和客观的解释。

在对对象原欲的观察中，我们还发现它会离开对象，以十分紧张的方式四处游走，最终再回归自我，重新成为自我原欲。自我原欲的系统中还有一种与对象原欲相对应的称呼，即"自恋原欲"（narzißtische Libido）。在进行精神分析后，我们终于得以窥见自恋原欲的活动，并进一步了解其与对象原欲之间的关系。[1]

自恋原欲其实就像一个储存槽，原欲自此出发，去追寻对象，最终仍会回到原点。自孩提时代起，原欲就开始了对自我的追寻，随着对象原欲的出现，这一活动虽然逐渐被掩盖，但它仍一直存在。

1　由于现在精神分析已被广泛用于分析精神病及其变形，这一前提已经不复存在。

提出这套原欲理论的目的，是想用它去分析精神病和心理障碍等问题，并用"原欲经济学"（Libidoökonomie）来解释所有观察到的现象和过程。

自我原欲显然对解释深层的精神障碍具有指标性的意义，但精神分析法只能准确报告对象原欲的变迁过程，无法将自我原欲与其他作用于自身的力量做确切的区分。[1]

因此，我们只能以推断的方式，才能将原欲理论持续发展下去。不过人们若是像荣格那样，千方百计回避"原欲"这个概念，甚至将其与另外的心理冲动混为一谈，那之前所研究的成果也就会毁于一旦。因此，我认为必须区分性冲动与其他冲动，原欲只能与性冲动有所关联，而之前我们提到性功能有其特殊的化学基础，便为我的观点提供了有力的证据。

1　参见我在1913年发表于《精神分析年鉴》第6卷上的文章《自恋简介》。在该文中，我误认"自恋"这一术语是内克（Naecke）首创的，但实际上应该是哈夫洛克·霭理士所创。

4

男女差异

进入青春期后，两性性征开始了各自的分化，这一明显的差异，也对人类发展产生了重要的影响。

男女之间的差异在幼儿期就已经渐渐显现。女孩各种性阻碍的精神力量（如羞耻感、厌恶感、同情心等）出现较早，她们也比男孩更容易接受这些力量，因此女孩受到的性压抑更明显，其部分性冲动更多是以被动的形式显现出来。

但在幼儿期，不论男女，身上都会有快感区的自体享乐，也因为此，男女性别差异在此时并不明显，直到青春期才会开始显露。

考虑到幼儿期性表现的自慰和自体享乐等特征，我们完全可以认为小女孩的性欲有着男性的影子。若我们仔细思考"男性"（männlich）和"女性"（weiblich）这两个词的内涵，便可以观察到原欲天生有着男性特征，且无论是在男性还是女性身上，或其追寻的性对象是男是女，这一点都不会改变。

自从我提出双性理论，它对于我们理解男女的差异上就有着重要意义。不考虑双性的共有特征，就无法理解男女的性表现。

此外，由于女性的快感主导区是阴蒂，其快感区的作用与男性的龟头对应。尽管外生殖器对于性功能也有着十分重要的作用，但我所观察到的女童自慰案例，其作用对象都是阴蒂，而非其他外生殖区。

但若女孩受到了外界的诱导，促使她不将自慰行为作用在阴蒂上，又有何处可以替代呢？若真的有其他方式，那必定是例外，因为许多女孩性兴奋的高潮点，都是由阴蒂的痉挛所引起的。

由此可知，因为阳具经常勃起，所以女孩能轻易猜到异性的性表现区域，她们只需将自身的性感受套用到男性身上便可。[1]

1　"男性"和"女性"这两个词看似简单，但在科学界却是一组混淆不清的概念，就目前而言有三种可能的解释。第一种解释是最基本的，也是对于精神分析而言最具价值的，这种解释便是将它们理解成"主动"与"被动"，意即如果我们在文中说原欲是"男性"，就代表它是主动的，即便应用在被动的目标上也是如此。除此之外，也可以从生物学和社会学的角度来看待两者的差异。第二种生物学上的解释，可能是最容易理解的，即男女之间的差异，体现在其是产生精子还是卵子，以及由此产生的生殖功能上。且在生理通则上，男性也较为主动，他们肌肉发达，具攻击性，身上原欲相当膨胀（但也非绝对，好比有些动物，雌性更能体现此点）。第三种，则是社会学层面上的解释，即来自对现实生活中男女的观察。按照此观点，一个人无论是在生理上还是心理上都不可能全然是男性或女性，而是兼具两性特质，集主动和被动于一身，且无论心理特征是否与生理特征有关，此观点都能得到印证。

　　在青春期原欲的作用下，那些性冲动不断膨胀的男孩眼中，女孩越是压抑，她们就越有魅力。

若想得知女孩是如何成为女人的，势必要继续关注阴蒂兴奋的过程。进入青春期后，男孩的原欲越发膨胀，女孩的性冲动却受到压抑和排挤，阴蒂性行为首当其冲。也是在这一过程中，男性性生活的特征从她们的身上日趋退出。

在青春期原欲的作用下，那些性冲动不断膨胀的男孩眼中，女孩越是压抑，他们就越有魅力。且阴蒂仍然保留了"煽风点火"的作用，当性行为被允许后，它将负责把性兴奋传递给邻近的女性性器官，宛若引火的过程。

在此期间，年轻女子总是处于浑浑噩噩的麻醉状态，因此这一传递过程，需要一段时间才能成形，如果儿时的性活动频繁，阴蒂可能就无法将其感受到的性兴奋转移出去。

许多女性对性较为冷淡只是表面现象，或说是局部冷淡。可能她们的阴道口真的麻木无感，但她们的阴蒂和其他一些部位仍会有兴奋的感觉。性冷淡的产生除了有性欲因素外，还有心理因素，也可能受到排挤作用的影响。

一旦性兴奋从阴蒂传递到阴道口，此后的性行为就由新快感区负责接管。但与女性不同的是，自幼儿期起，男性的快感主导区始终如一。女性的快感主导区则发生了转变，加之青春期以来精神力量的影响，她们身上的男性因素逐渐减少。

因此，女性更容易患上精神病（如歇斯底里症），这也就构成了女性的宿命。

5

寻找性对象

青春期的转变使生殖器区跃升至主导地位，自此，男性勃起的阳具就迫不及待地希望找到性目标，并插入那个让他们兴奋异常的洞穴，也圆满了幼儿期起就开始寻找性对象的过程。

最初，性冲动与进食联系在一起，性冲动的外部作用对象其实就是母亲的乳房。但在他们发现那个能带来满足的器官属于另一个整体后，便失去了一开始的性目标，性冲动也进而迈入自体享乐的阶段，直到潜伏期过后才重新回归。

因此，若将孩子吸吮母亲乳房的行为视作一切情爱关系的起始，的确也不无道理。而寻找性对象在某种意义上来说，其实就是在找回那熟悉的感觉。[1]

1. 幼儿期的性对象

即便性行为与进食行为分开发展，这种人生中第一段也是最重要的一段性关系仍然对选择对象有着深远的影响，因为选择对象便是一个寻回遗失愉悦感的过程。

在潜伏期，孩童便开始学会喜爱那些对他们施以援手、满足他们需求的人，这一切如同幼儿期与乳母之间的关系模式。

有些人并不认同孩童对看护人的眷恋与重视是一种性爱行为的表现，但通过精神分析仔细研究之后，两者其实存在相当的一致性。事实上，与看护人的互动，正是孩童的性兴奋和快感区性满足的首要来源，而看护人（通常是母亲）也对其非常关爱，并做出抚摸、亲吻、摇晃等动作。因此，在看护人的眼里，孩童也成了性对象的替代品，她们投入的情感也和自己的性生活有关。

若那些母亲们知道这些亲密行为会唤醒自己孩子的性冲动，并为他们今后的紧张感打下基础，她们恐怕会非常惊讶吧。在她们看来，这些行为纯粹是出于对孩子的爱，与性无关，除去必要的护理

---

1 精神分析学说告诉我们，寻找性对象共有两条途径。文中所说的是第一种，即根据幼儿时期的原型来寻找；第二种则是自恋式的，即试图在他人身上寻找自我的影子。后者对于精神病病理学有着重要意义，但与我们在这讨论的话题无关。

动作外，她们也总是小心地避免触碰孩子的生殖器。

不过我们也明白，并非只有生殖器区能唤起性冲动，总有一天我们的情感也会对生殖器区产生影响。

即使那些母亲们对性冲动、精神生活及其道德和心理的意义有更多的了解，她们也无须为自己的行为感到自责，乃因她们的作为是在教会孩子如何去爱。而她们的孩子，也理应成为一个性需求旺盛的人，并在生活中兑现性冲动的需求。

当然，若双亲对孩子过于疼爱，甚至到了溺爱放纵的程度，自然不好，且这样会使孩子在今后的生活中对爱的需求更大，或是不能从较弱的爱恋中获得满足。

如果一个孩子对父母不断索取关爱，这可能是神经质的一种明显征兆；而另一方面，也只有那些患有精神病的父母，才可能会表现出毫无节制的爱怜，并用自己的爱抚，亲手将孩子送往通向精神病的路上。从中，我们也可以发现，那些患有精神病的父母，将自己的症状传给了孩子，更直接的方法是溺爱，而非遗传。

2. 幼儿的不安

很早以前，孩童就将对看护人的依赖视作一种性爱的正常表现。

幼儿的不安，乃是来自对所依赖的人的想念。正因如此，在面对陌生人的时候，他们才会感到害怕。而且孩童惧怕黑暗，也是因为他们看不见自己所依赖的人，若他们能在黑暗里抓住所依赖的人的手，他们就安分许多了。[1]

也有些人认为，孩童的不安是那些看护人的恐吓和鬼故事所引起的，这其实有些错怪了他们。事实上只有性格胆小的孩子才会被这些故事所吓倒，胆大的孩子对此一般都无动于衷。通常只有那些在溺爱之下，性冲动出现过早或过于强烈的孩子，性格才会胆小。

与大人们一样，孩童会将本身过盛的原欲转为不安，而那些因原欲得不到满足而患上精神病的成人，也会像孩子一般在独处时感到害怕，这是因为他们的原欲离开了给他们带来安全感的人，于是他们就只好用最孩子气的方式来缓解这种不安。[2]

如果父母的温柔没有在青春期生理成熟前唤醒孩童的性冲动，使其性兴奋过早蓬勃并进入以生殖器为主导的阶段，那么它就能够在孩童进入成熟期后对其对象的选择进行引导。

1　我对于孩童恐惧来源的了解，来自一个三岁的男孩。我听过他在一个黑屋里喊道："阿姨，跟我说说话。这里太黑了，好可怕！"他的阿姨对他说："你又看不见我，说话有什么用？""没关系。"那男孩回道，"有人说话，房间里就亮了。"也就是说，这个孩子并不是怕黑，而是在想念他依赖的人。只要能够证实那人在身边，他便能够安心下来。精神上的焦虑来自原欲，它是原欲转化后的产物，两者间的关系如醋与酒一般难分难解，这是精神分析研究中最重要的结论之一。对于此问题的更多讨论，可参照我于1917年在《精神分析导论》中的论述，尽管在那本书中，我也没有对此给出一个最终的解释。

2　有些人认为我的说法"亵渎神灵"，但哈夫洛克·霭理士研究母亲和孩子之间关系的文章《性感觉》中，得出了与我相同的结论。

显然，早在孩童原欲刚起步之时，他们基本上会倾向于选择最亲近的人作为性对象。不过随着性成熟期的延后，孩童有相当长的时间在正常的性阻碍前，再设立一道防止乱伦的界线，将自己依恋的血亲排除在对象选择的范围之外。

社会文化要求我们重视这一界线，以防家族利益侵犯了更高级社会单元的形成条件。也因此，我们不惜一切代价，要求每个人（特别是青年男子）与自幼儿时期就关系密切的家庭成员保持一定的距离。[1]

因此，孩童最初的对象选择往往靠的是想象。对进入成熟期的青年来说，其性生活没有太多发挥的空间，只能在不可能成为现实的幻想里实践。[2]

在这些幻想中，幼儿期的倾向会再次出现，并且加上生理上的性成分。而这些倾向中最重要的是孩童与父母的性冲动，但这种冲动在性别分化的作用下会出现异化：儿子只对母亲感兴趣，女儿只对父亲感兴趣。

而青春期的性幻想，其实是幼儿期性探索的延长，这一过程也

---

1 参见我在第二篇论文中对孩童对象选择的论述。

2 乱伦作为禁忌是人类历史的重大成就之一，如同其他道德禁忌，它也已经在个体之间实现了代代相传。（参见我于1913年出版的《图腾与禁忌》一书。）然而，精神分析研究依然表明，个体在面对乱伦的诱惑时仍然充满了矛盾与挣扎，而他们也常常在幻想或者实际生活中逾越这一障碍。

可能提前发生在潜伏期的某个时间段里，且极有可能在潜意识中发生，因此我们很难确切指出何时开始。这类幻想其实是各种精神病症状的初期表现，也是受到压迫的原欲寻求满足的产物，其对精神病的研究有着重要意义。

此外，性幻想也是梦的模板，在日间刺激的影响和作用下，性幻想得以在青春期梦境里重新上演，且普遍存在一些个人不曾经历的事件。例如有些人想象父母做爱的场景，有些人想象自己被所爱的人诱奸，有些人想象自己被阉割，还有些人想象自己在子宫内的感受，等等。另外，一个孩童不论是在童年或长大后，都可能会以截然不同的态度来面对父母，这类想象被称作"家庭传奇"（Familien Roman，指孩童们想象自己并非父母所生），它们与神话密不可分。[1]

而伊底帕斯情结显然是精神病的本质核心，幼儿性欲在这一情结中达到高潮，这也对成年后的性生活产生决定性的影响。人们自出生之后，都面临着伊底帕斯情结的难题，如果无法克服此点，就不免会患上精神病。随着精神分析研究的深入，伊底帕斯情结的重要性也日益显现。（对精神分析学说持支持或反对意见的区别，就在于是否认同此点。）

---

[1] 奥托·兰克（Otto Rank）于1909年发表的《神话中英雄的诞生》一文中对此进行了详细的辩证。

在另一篇1924年的文章《出生之殇》中，奥托·兰克指出，对母亲的依赖似乎可追溯至胚胎时期，他认为，对出生的恐惧所造成的心理创伤，才是乱伦禁忌的最初来源，这个说法也奠定了伊底帕斯情结的生物学基础。

一旦完全克服并摒弃此种乱伦的幻想，也就意味着孩童终于从父母的权威之下独立出来，这可称得上是青春期最重要，但代价最沉重的精神成就了。而在此过程中，老少两代之间也开始形成对立，这对于文化进步有着重大的意义。[1]

然而，人生每个阶段总有一些脱队的人，这些人终生不能摆脱父母的控制，而且他们的情感也几乎无法离开父母。这种情况多见于女性，她们与父母无话不谈，始终停留在孩童对父母的爱恋中。

研究显示，往往正是这些女性在以后的婚姻生活里，无法尽到一个妻子的本分。她们冷漠的性情和性爱上的冷淡，无法带给丈夫应有的满足。由此可证，对父母的喜爱虽然看似与性无关，但实际上有相当紧密的联系，可以说，她们对性的冷淡，恰恰是原欲的发展尚停留在孩童阶段的结果。

因此，性心理的发展挖掘得越深，阻碍就越强，乱伦对象选择的意义也就越发明显。因为精神病患者对性爱的态度有所抵触，在

1　参见我在《梦的解析》中就伊底帕斯王的故事注定以悲剧收场的论述。

潜意识里寻找性对象就成为其绝大部分的性行为。那些对情爱憧憬无限，却又害怕现实性生活的女孩，一方面不自觉地想在现实生活中实现无性之爱，另一方面则将她们的原欲掩盖在一种她们无须自责的真情之下。她们的处理方式就是不被青春期所影响，始终坚持幼儿时期对家人的爱恋。

她们对自己血亲的感情，其实就是普世意义上的爱恋，精神分析研究可以将她们潜意识中的想法，通过她们的症状和她们病症的其他表现，在意识中显现出来，从而向人们证明其中因果由来。同样，若一个健康人因为一场不幸的爱情而患上疾病，其患病的机制也能如此解释：这些人原欲作用的对象，回到了幼儿期喜爱的人身上。

3. 幼儿对象选择的影响

即使少数幸运的人没有受到原欲这种乱伦倾向的干预，他们也无法完全摆脱这方面的影响。许多年轻男子的初恋对象可能是成熟的妇人，许多女孩也往往会对较年长且有威严的男子一见倾心，乃因所选择之人的身上可能有他们父母的影子，这都可说是乱伦倾向的后遗症。[1]

一个人的对象选择，就是在这种基础上进行的。特别是男性，

---

1 参见后文《畸恋：男性选择对象的特殊类型》。

他们寻找对象，其实是在寻找记忆中的母亲形象，乃因自童年开始，这种形象就已经给他们留下了不可磨灭的印象。而与此相对应的是婆媳之间，若这些男人的母亲依旧在世，她们会对媳妇横加挑剔，实际上是对自己的替身感到不满。

若明白了幼儿期与父母的关系对一个人的对象选择意义重大，我们就不难理解对这种关系的任何干扰，都可能会对孩童成年后的性生活造成极大的影响。

同样的，人在恋爱中的嫉妒心理，也常能在其幼儿期找到原因，或者至少是受到了那时经历的推波助澜。如果幼儿期双亲之间常起争执，婚姻不甚美满，那孩童的性生活便更容易紊乱，甚至会使其走向精神病的路途。

幼儿期对父母的依恋，诚然是青春期最重要的印记，也是选择对象的重要参照，但绝非唯一的决定因素。也有许多来源相同的因素，使得男性留恋自身的童年，并产生多种性倾向，从而为对象选择设下各种条件。[1]

4. 性倒错的预防

对象选择的重要任务，就是将人们引向选择异性，但这个过程

1　人类千奇百怪的情欲表现，以及在恋爱时所表现出的强迫症特征，皆可追溯到幼儿期，并被视作幼儿期性影响的残迹。

并非一帆风顺。青春期的第一股冲动，往往容易迷失方向，但尚不会造成持续的影响。德斯苏尔（Dessoir）就曾指出：男孩与女孩的同性关系密切也属于常态，但唯有异性性征彼此吸引，才能阻止人们在对象选择上有性倒错的可能。[1]

当然，仅凭这一段文字，仍不足以将此问题解释清楚。但可以肯定的是，单就这股吸引力，还不能让性倒错彻底消除。要完全将其消除，还需要一些辅助力量，其中最重要的，当属社会的权威性禁止。乃因在那些不把性倒错视作犯罪的地方，总会有相当多的人表现出性倒错的可能倾向。

此外，儿时来自母亲或其他女性关爱的部分回忆，也会使男性在日后接近女性；而父亲及男性曾带给他们的性恐吓和竞争感，则会转移他们在同性身上的注意力。这种方式也适用于女性，若母亲严格管束她们的性行为，就会使得她们对同性怀有敌意，也促使她们的对象选择朝正常的方向发展。

然而，由男性（如古代的奴隶）来看护男孩，会增大其成为同性恋的概率。当今的贵族中有不少性倒错患者，或许就是因为家里的男仆过多，而母亲对孩子照顾不周所致。

而有些人患上歇斯底里症，乃因父母中的一方过早离开（或许

1　在此，我要特别提及一本想象力十分丰富的书，即费伦斯于1924年出版的《试论生殖理论》。作者在这本书中，从生物学的发展史角度出发，研究了高等动物的性生活。

是因为去世、离婚或分居），孩童全部的爱恋集中到剩下的单亲身上，这就决定了他们在日后性对象选择中所偏好的性别，可能使得性倒错成为长期倾向。

6

三论摘要

　　至此，我们总结以上的论述。在《性学三论》中，以性冲动的错乱现象为起点，分析性对象和性目标，并提出"性冲动是天生的还是后天形成的"这一问题。

　　通过精神分析研究，我们对精神病患群有所了解。此人群人数众多，和健康人几近一致。而若能了解精神病与性冲动之间的关系，性冲动的起源问题也就不难理解了。

　　而且我们发现，各种性变态倾向均存在于精神病患者的潜意识里，它们也是精神病的一大诱因。可以说，精神病是性变态的一种负面展现。有鉴于性变态倾向的广泛性，我们当可相信，性变态是人类性冲动的一种本性与本质，随着生理结构的发育，心理防线的设立，它会逐渐成为所谓的正常性行为。

于是，我们期望在幼儿期找到性变态的轨迹。同时我们也发现，羞耻感、厌恶感、同情心等来自社会文化中的道德和专制乃是束缚性冲动的主要力量。如此，若一个人在性错乱中无法自拔，那必然是他的发育过程受到了一定的阻力，使其陷于幼稚行为之中难以脱逃。

性变态的形式种类十分繁多，除了强调其重要意义外，我们也必须指出，它们与影响正常生活的力量之间是相辅相成的，而非对立相克的。

此外，既然这些本质本性成分复杂，那么性冲动也可看作由许多元素组成的集合，在性变态行为中，这些成分亦会发生分歧。由此，性变态行为既能被看作正常发展的障碍物，也能被视作正常发展的一部分。可以说，成人的性冲动正是幼儿期各种兴奋感的结合，它们聚集为一体，朝着一个共同的目标孜孜不倦地追寻。

同时，我们也为性变态倾向往往出现在精神病患者身上的现象提供了解释。我们认为这是性冲动主流被压抑作用阻挡后，被迫另寻出口的结果。由此，我们开始进行幼儿期性生活的研究。[1]

---

1 此方法不仅适用于被动的性变态行为，也适用于主动的性变态行为。主动的性变态行为的出现，一方面是因为性欲停留在幼儿期，另一方面则是因为其他性发泄的途径受阻，性欲受迫而退化回幼儿期。因此，主动的性变态行为也能以精神分析来治疗。

但人们往往对幼儿时期的性行为不太重视，甚至将某些常见的幼儿期性表现视作反常。在我们看来，自出生那刻起，孩子早已经具备性行为的雏形。在其摄入食物时，他们也同步享受着性满足，并通过吸吮这一动作不断地重新寻回此种快感。

不过与其他身体功能相异的是，幼儿的性行为发展并非顺遂无阻，在过了两至五岁这段活跃期之后，它便进入潜伏期。这并不是指性兴奋在这一阶段彻底停止，相反的是，它依然存在，在相当程度上被转化为其他能量源泉，只是多用于与性无关的活动。也就是说，它一方面转化成某些社会情感元素，另一方面在压抑作用和反向作用的影响下，为日后性防线的设立奠定基础。

按此说法，那些约束性冲动的力量，其实是在幼儿期以绝大部分的反常性冲动为代价，并结合外来教化而形成的。不过一部分没有被用于此途的反常性冲动，则仍然可能表现出来。

于是我们可以发现，孩童的性兴奋来源相当多，快感区的适当刺激便会产生性满足感，每寸肌肤、每个感觉器官，甚至于每个身体器官都有可能成为快感区，而有一些快感区因为有着特殊生理构造，天生就能带来超越一般的快感。此外，性冲动也可能是身体机制到达一定强度后的附加品，这点在某些或忧虑或愉悦的情绪起伏中表现得甚是明显。

而在幼儿期，上述这些来源不同的性兴奋尚未聚集，它们各自独立作用，以获得快感为目标来追寻。因此，幼儿期的性冲动并不集中，加之也没有作用的对象，故仍然处在自体享乐的阶段。

然而生殖器这一快感区的地位，也正是在幼儿期这段时间日益显现的。它一如其他的快感区在适当的刺激下就能使人感受到性满足一样，而且在其他快感区性满足的刺激下，生殖器区还能以一种我们尚不清楚的方式，产生特有的性兴奋。但可惜的是，我们目前仍无法清楚阐释性满足和性兴奋两者间的关联，也没能清晰说明生殖器区和其他性欲来源之间的关系。

不过通过对精神力量障碍的研究，我们发现在幼儿期性生活的早期，各种性冲动的成分就开始形成一定的性组织。

在第一阶段，幼儿的性快感主要来自嘴唇和口腔；第二阶段又称"前生殖器性组织"，施虐和肛门快感是这一时期的主要倾向；直到确立性器官主导地位前的第三阶段，生殖器才真正开始在性生活中发挥作用。

接着，我们发现了更惊奇的事，便是在幼儿活跃的性生活中（两到五岁），对象选择这一机制也已出现，而且还对日后的性生活有着关键的影响。

尽管在此时期，性冲动的各种成分仍未聚合，孩童的性目标也不是那么明显，但我们仍要把这一时期视作最终性组织的源头。

人们的性发展大致经历两个活跃阶段，中间则被潜伏期隔开，这在我们看来具有十分重要的意义。这似乎是人类文明发展的必需条件，但同时也种下了精神病的种子。据我们所知，人类的动物近亲身上并没有类似的现象，由此可推测，人类的这一特征源自人类初步起源的史前时期。

至今我们尚不清楚，幼儿期的性活动在多大程度上可以被视为正常，且不会对其今后的发展产生非正面的影响。在这一时期，幼儿的性表现主要是自慰，但经验也揭示了外来的各种诱导可能会导致潜伏期提前中断，甚至就此终止，因此孩童的性冲动也有机会有着各式各样的反常行为。此外，这类早熟的性行为都或多或少会弱化孩童的可教育程度。

虽然我们对于幼儿期性生活的认识并不全面，但仍可对进入青春期后性欲的变化做一番研究。而且在这一时期，有两个过程极具代表性：

一是生殖器区起了主导作用，其他性兴奋的来源都开始受其辖制；

二是人们开始积极地寻找性对象。

这两个过程在幼儿期便有所体现，前者主要通过前期快感机制完成，那些原本独立且能带来快感和兴奋的性行为，皆开始为新的性目标（即宣泄性产物）奠定基础，一旦这个目标达成，带给人巨大的快感，性兴奋则消失殆尽。

此后，我们也考虑到两性的差异，而且发现在新的压抑作用之下，女性身上幼儿期的男性特征逐渐减少，其主导生殖器区也开始发生变化，女孩就是在这一过程中成为女人的。

我们还发现幼儿期孩童对其父母和看护人的依恋会影响将来的对象选择，由于乱伦禁忌这一前提，因此他们不能将父母和看护人选为性对象，只好选择与其相似的人。

最后，我们仍要补充一点：在青春期这个过渡阶段，生理和精神两方面的发展初始并不统一，直到某股强烈的精神爱欲对生殖器官的神经系统产生相当的刺激，才会使正常的情爱功能臻于完备。

1.阻碍正常发展的因素

许多例子可以证实，在这一系列的发展过程中，稍有不慎，就可能令正常的发展止步，使性冲动崩解。接下来的篇幅里，我们再度阐释可能对发展造成负面影响的各种内外因素，并指出它们造成伤害的作用机制。

以下我们所列举的因素，他们的重要性可能并不等同，还得要对其重要性进行适当的评判，无论如何我们都必须做好面对困难的准备。

2.体质和遗传因素

首先要提到的是先天的性体质差异，这或许是对性发展造成阻碍的最主要因素，但此类差异只能从随后的性表现中推测出来，且这种逆推过程有许多不确定性。

在众多性兴奋的来源中，其中一种来源可能过于强烈，这种波动虽然处于正常范围之内，但仍会体现在最终的性结果上。

当然，我们也容易将其看作遗传变异的结果，猜测这种现象可能是由于某种不正常因素直接导致了反常性行为的出现，这种不确定因素称之为"变质性"因素。

事实上，我有更令人惊奇的发现。在我治疗过的重度歇斯底里症和强迫症患者中，过半数人的父亲曾在婚前感染过梅毒，这在一些人的既往病史上皆有确切的记载，其中有些人更是已发展成脊髓痨或全身麻痹症。

我要指出的是，这些患上精神病的孩子皆无患有遗传性梅毒的生理迹象，而梅毒所造成的遗传性后果，或许便是他们异常的性体质。我并不主张将父母患有梅毒这件事，看作子女精神病体质的常规或必要条件，但我也相信上述的这层关系绝非偶然，不容忽略。

由于患者有意逃避调查，积极性变态患者的遗传状况往往不太为人所知。但是我们有理由相信，性变态与精神病皆出于同源。我们时常可发现，性变态和精神病会出现在同一户家庭中不同性别的成员身上，其（部分）男性成员往往呈现出积极的性变态特征，而女性成员则由于受到精神排挤的影响，呈现出负面的性变态特征，即患上歇斯底里症。

此外，这个现象为我们提出的"性变态和精神病有着根本联系"的观点，提供了很好的印证。

3. 其他因素

但这并不等同于先天性体质中成分的不同，就决定了一个人后期的性生活样貌，事实上还有很多因素会影响一个人的性发展，而且每个人都有着不同的际遇，这也为每个人的性发展带来各种不同的可能性。

这类后天的影响因素显然是决定性的，即便是大致相同的体质，也可能会走向完全不同的结果。若所有反常的体质一直保持原状，且随着性成熟的增强，其最后的发展结果便是性变态。

虽然我们目前还无法深入分析这些反常的性体质，但如果这一切无误，我们就更容易去解释某些现象。

许多专家认为，性冲动先天孱弱，是某些人沉溺在性变态之中无法脱离的必然前提。但我认为这种说法太过极端，如果换种方式，也许更合情合理：性冲动中的某个因素，即生殖器区天生较为虚弱，而这一区对于整合各个快感区独立的性行为，使其服务于生殖功能，有着重要的意义。如果生殖器区无法主导其他快感区，那本该在青春期发生的性兴奋整合，也就无法顺利进行，以至于某些较强的性冲动成分恣意妄为，从而造成性变态行为的出现。[1]

---

1 我们常发现最早出现在青春期的性潮流是正常的取向，但是由于它十分孱弱，在第一股外在阻力面前就瓦解了。于是，患者就退回到性变态行为中无法自拔了。

4.压抑作用（排挤作用）

在发展过程中，若过强的性冲动成分受到压抑作用的排挤，那结果肯定会大相径庭。

我们首先必须指出，这类性冲动并没有完全消失，它们仍旧会引起性兴奋，但在精神阻碍的影响下，它们无法实现自己的性目标，进而沉寂下来，直到以病症的形式再度出现。最终的结果往往是性生活并无偏离正常轨道，但受到一定的束缚，从而使人出现某些精神病症状。

通过对精神病患者的精神分析研究，我们已经对这类情况甚为了解。此类人的性生活通常以变态行为开始，整个童年都充斥着变态的性行为，少数情况下，这类行为还会一直持续到性成熟。

之后，在某种内在压力的作用下，反常的性行为会受到排挤，虽然旧的性兴奋并没有被消除，但精神病行为却替代了性变态行为。这一变化通常出现在青春期以前，也可能在青春期后的某个时间点出现。这不由得让我们联想到一句俗语：少时做妓女，老来成尼姑。只不过在此案例中，年少的时间段十分短暂。

此外，精神病行为能取代同一个人身上的性反常行为的这一发现，与此前同一家庭里的不同成员分别患有性变态和精神病的事实不谋而合。

精神病，其实是性变态的一种负面形式。

5. 升华作用

反常性体质的另一条出路，就是在"升华作用"的影响下，疏导某些过强的性兴奋，将其能量运用到其他领域，使得原本极度危险的倾向，转化成能够大幅度提高精神效率的因素。

可以说，升华作用是艺术创作的动力源泉之一，升华作用完整与否，也决定了一个人的艺术能力。那些在艺术方面富有天赋的人，通常是性变态和精神病的结合体。因此升华作用的另一种表现形式，就是来自反向作用的压制。

反向作用早已在潜伏期出现，在理想情况下，这种压制后的成果是可以伴随人一生的。至于那些被称作个人性格的事物，有很大一部分是以牺牲性冲动为代价而形成的，它们的能量来自幼儿期所固有的性冲动、由升华作用得来的性冲动，及能有效压抑其他性变态行为的性冲动。[1]

或许可以说，幼儿期普遍的性变态倾向，正是我们一部分美好品格的来源，因为它通过反向作用促使美好品格的产生。[2]

1　有些性格特征甚至直接与特定的快感区存有联系，例如顽固、节俭、正派等行为特点，来自肛门性欲；而雄心壮志，则来自尿道性欲的强烈作用。
2　通晓人情的左拉，在其《生的快乐》一书中描写了这样一个大度无私的女孩。因为她有为自己所爱的人牺牲所有财产和生活的愿望，而同时，她也十分向往得到他人的呵护和关怀，若稍被冷落，就会表现出残酷无情的一面。

6. 偶然经历

性欲释放、压抑作用和升华作用是三种最为重要的后天因素，其中压抑作用和升华作用所发生的内部条件目前仍不清楚。此外，由于其他产生影响的作用相对微弱，因此有些人也将压抑作用和升华作用视作先天体质的条件，认为它们是先天体质的外在表现。若从这种观点出发，则性生活的最终形态也就完全取决于先天的体质。

虽然如此，人们也承认，发生在各时期的偶然事件，同样会影响人们的性表现，而体质和这种偶发因素之间的关系，也难以衡量。

在理论界，人们总是倾向于强调体质的作用；可在心理治疗实践中，治疗师们更在乎偶发因素所起作用的意义。而且这两者之间的关系是相互合作，而非互斥。体质因素需要一定的经历作为引发，方能开始作用；偶然经历也需要体质作为基础，才能有其效果。

大多数情况下，我们可以假设两者构成了某种"互补体系"，当其中一种因素的影响力下降时，另一种因素的影响力就会上升。当然，我们也得承认在某些极端情况下，会出现仅有其中一种因素发挥作用的情形。

如果我们将早期童年的某些经验视为偶发因素，那精神分析研究就更有其用武之地了。

由此推断，我们可以将原本单一的病因体系分成两方面：一种是素质上的（die dispositionelle），另一种则是确定的（die definitive）。前者由体质和儿时偶然经历共同作用，而后者由体质和创伤性经历共同作用。且所有性发展的负面影响，都会以退化的形式表现出来，使其重回某个较早的发展阶段。

现在，我们回到正题，继续列举可能会对性发展造成影响的因素，暂且不管其是否有重要作用。

7. 性早熟

自发性的性早熟就是这类因素中的一个，在精神病的病史中我们已经证明了它的存在，但若仅凭这一点并不会导致精神病。性早熟的表现是幼儿时性潜伏期的中断、缩短或终止，这种现象只会造成性功能上的紊乱。

由于适当的性阻碍尚未出现，生殖器系统也仍未发育成熟，因此性早熟所引发的性表现自然会有反常的倾向。而且这类反常倾向会一直存在于人们身上，又或者在压抑作用下，转变为引发精神病症状的动力。

无论哪一种情况，性早熟都会让中枢神经控制性冲动变得困难，也增加了性冲动在精神表现方面的强迫性。性早熟时常与心智提前发展同步出现，这种情况在那些声誉远播、成就卓著的大人物身上也时有体现。如果两者一同出现，就不会像只有性早熟因素单独出现时那般危险。

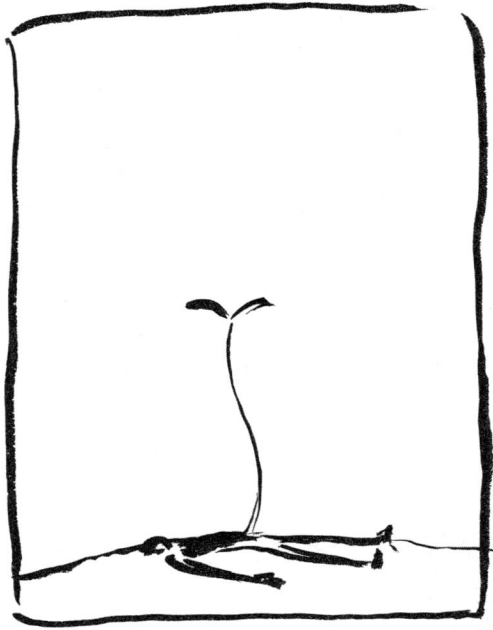

　　性早熟会让中枢神经控制性冲动变得困难，也增加了性冲动
在精神表现方面的强迫性。性早熟时常与心智提前发展同步出现，
这种情况在那些声誉远播、成就卓著的大人物身上也时有体现。

8. 时序因素

还有其他与性早熟一样，像所谓的"时序因素"也需要列入考虑之中。每一种性冲动的出现顺序，持续多久，于何时被新的性冲动取代，何时被压抑作用抑制，这些次序仿佛早在物种诞生之初就被设定好了。

不过无论是性冲动出现的顺序，还是其持续时间的长短，其中依然会存在变量，而这些变量也会影响性冲动的最终呈现形式。因为压抑作用的效果是不可逆的，因此任何一种性冲动出现得过早或过晚，都可能会产生问题，而且性冲动的成分一旦稍有偏差，就会影响最终的结果。

此外，极其强烈的性冲动，通常持续的时间都十分短暂，例如那些最终成为同性恋的人，可能也出现过短暂的异性恋倾向。而幼儿期最为强烈的追求，也不一定能持续下去，并成为成人的特征，事实上，它们很可能会消失，并让出空间，让自己的对立面去发展。

然而，在发展过程中发生时序错误的原因，目前我们还无法给出确切的答案，因为其中牵涉到生物学领域甚至历史学领域的问题，很多东西尚不在我们的能力范围之内。

9. 早期性印象的持久性

由于某种精神因素的提升，早期性印象越发凸显其重要性，不过我们对于该因素的来源并不清楚，只能暂且视其为一种先入为主的心理观念。

通过研究发现，凡患有精神病或性变态的人，皆对其早期性行为印象深刻，他们不自主地想要重复早期性行为的感觉，任由自身的性冲动恣意奔放，但在健康人身上，就不会发生类似的现象。

另外不容忽略的是，早期精神印象的依恋，或许正是一些精神病的成因。对于此种说法，一种可能的解释是：这些人的精神生活里，回忆的画面太过鲜明，因而掩盖住了对新事物的印象。

这种情况显然与我们的心智教育有关，且与一个人的文化程度成正比。相反的，那些"只活在当下的不幸之人"，则被我们看作野蛮人。[1]

况且由于我们的文化与自由的性发展之间存在对立，我们的生活往往会受到相当程度的影响。在较低级的文化和社会形态里，孩童的性生活并不会带来严重的后果，但在文明程度较高的社会中，情况可能就会不同了。

10. 反常性行为的固化

在上述这种早期性印象心理环境的刺激下，曾经的偶然经历逐渐开始引导幼儿性欲的方向。在前者的帮助下，偶然经历（特别是

---

[1] 一个人责任感的增强，可能也是早期生理上性表现旺盛的结果。

被其他孩子或成人诱导的经历）将为一个人持续的性反常奠定基础。早期的性印象直接决定了许多精神病患者和性变态患者身上的反常性行为。

至今许多人还天真地认为，幼儿与性欲丝毫无关。但总体而言，自身体质、性早熟、早期印象的增强，加之在外来因素影响下突然旺盛的性欲，都是将反常性行为固化的可能原因。

通过对性生活中种种问题的研究，我们得出了一个尚不能令人满意的结论。乃因我们对构成性欲本质的生理过程还不甚了解，也就无法提出一种既能解释正常现象又能解释病态现象的理论。

第二篇

《性学三论》的实践

真情和肉欲无法结合的人，往往其正常的性生活也并不美满。因此，有些人选择反常的性对象，但这本身也很矛盾：如果这种性需求得不到满足，患者就无法尽兴，若要尽兴，那他们的性对象便只会是地位卑微的人。

第一章

爱情心理学

（Psychologie des Liebeslebens）

1

畸恋：男性对象选择的特殊类型

在人们根据什么样的"爱情标准"进行对象选择，以及他们如何在想象的要求和现实的条件之间保持一致的这个难题上，我们一向信任作家们的描述。

客观而言，作家们的确有解决这个问题的能力。一方面，他们善于以细致入微的观察力发掘深埋他人内心深处的情感；另一方面，他们也敢于将自己的潜意识世界展现给他人，同时剖析自我。

但因为某些因素，作家们的作品价值也会打些折扣。作家们必须带读者去体验知性和美学上的快感，并唤醒读者内心情感的共鸣，因此，他们难以将现实一点儿不差地呈现出来。作家们必须对现实进行切割与琢磨，并从中剥离出对其不利的内容，然后做一些填补加工，令全文读来流畅，这一过程被称为"诗意自由"（Poetische Freiheit）的特权。而对于其文中所描述的内心状态，作家们也无心去细究它们的前世今生。

正因如此，当科学家们面对一部千年之间令无数人赞叹神往的作品时，反而会有些不知所以然，甚至读来感觉索然无味。然而这样的现象，正好可以从侧面反映出，我们对人类爱情生活的研究是完全合乎科学的，科学研究完全凌驾于"快乐原则"（Lustprinzip）之上，且构成了我们心理活动的基础。

在心理治疗的过程中，治疗师们可以很容易就能明白精神病患者的情感生活现状。在精神正常甚至精神状态颇佳的人身上，也可以观察到类似精神病患者的行为出现。若有人运气极佳，收集到足够多的样本资料，便能归纳出各式各样的类型。

而在此，我要介绍男性对象选择的一种特殊类型，因其受到一系列爱情条件的约束，故并非那么容易理解，甚至会让人觉得有些陌生，唯有借助精神分析方法，才能对这一现象进行解释。

所有的爱情条件中，有一点最为特殊。只要在一个人身上发现此点，就大致可以将其归入这种特殊类型，并可转而在其身上寻找这一类型的其他特征。这第一个爱情条件我们可以称之为"受伤的第三者"。

换句话说，这类男人在选择爱恋对象时，绝不会考虑单身或离异独居的女子，而只会对有夫之妇、已经订婚的女人或者他人的情妇感兴趣。在极端的情况下，一个身无所属的女人可能长期都得不到这类男人的重视，甚至被其讨厌，但只要这个女人一跟其他男人扯上关系，她就会成为其追求的对象。

第二个爱情条件并不常见，却很容易引起注意。它常伴随着第一个条件出现，但第一个条件往往更容易独立出现。在第二个条件中，那些坚贞正派的女子，很难成为这类男人的爱恋对象；相反，性生活混乱、毫无忠诚度可言的女子却更容易引起他们的注意。

这类男人的口味也分不同的方向，无论是那些喜欢与人调情的有夫之妇、习惯脚踏多条船的交际花，还是所谓的大众情人，都有人偏好。说得露骨一些，这类男人实际上就是非荡妇不爱。

若说第一个条件满足了这类男人争强好胜的欲望，那第二个条件里那些浪荡的女子，则能使这类人有足够的空间发挥他们的嫉妒心，这一点也是他们所必需的。唯有当他们为了女人争风吃醋时，他们的激情才会到达满点，而选择这些女子的目的也就达到了。于是，这类男子会把握任何能展现醋意的机会，将自己高涨的嫉妒心借题发挥。

但奇妙的是，他们从不会嫉妒自己情人的合法对象，而总是把怀疑的目光投向意中人身边的那些陌生人身上，甚至有些人从不期望独占一个女人，而更愿意沉浸在某种三角恋关系当中。我的一位病患，曾经因为自己情妇的放荡而饱受折磨，不过后来那个情妇要结婚了，他却没有表示任何异议，甚至大力促成此事。若干年后，他也不曾对情妇的丈夫表现过任何嫉妒。

此外，还有一个典型病例，患者一开始非常嫉妒自己情妇的丈夫，还多次要求自己的情妇离婚，但在之后的几段感情中，他也开始和其他人一般，不再将情妇的合法丈夫视作嫉妒对象。

以上要说明的是这类男人的爱恋对象所必须具备的条件，而接下来，我们要揭示他们究竟是如何对待自己的爱恋对象的。

正常的恋爱关系里，坚贞自洁的女子总是受人喜爱，淫乱放荡的女子则会被人轻视。我们现在要讨论的这类男子却与之相反，他们认为后者才是值得他们倾心的爱恋对象。

他们会费尽心力，去维持与这类女人的暧昧关系，完全为之倾倒。在他们眼里，情妇是自己唯一的挚爱。他们发誓要对情妇保持忠诚，事实上却经常食言。

我们不难从中观察到，这种关系明显有着强迫症的影子，这或许可以说是所有恋爱关系的共同症结。但千万别认为这样的经历一次就足以刻骨铭心，绝对不会再发生。事实上它们会在这类男子身上重复发生，而且每一次几乎都是上次的翻版。一旦他们的驻足地和周围环境发生改变，他们的爱恋对象也会随之发生变化，类似经历几乎可成一个系列。

令旁观者最惊讶的是，这类人怀有"拯救"自己情妇的欲望。

这类人坚信自己的情妇需要自己，否则她们就会自我堕落，跌入道德的谷底。所以，他们要拯救她们，且对她们进行管束。

若他们的情妇真的放荡到为社会所难容，那他们的想法的确情有可原；然而，即便没有这些情况，他们也依然我行我素。

我曾经见过一个这种类型的男人，他先用花言巧语将情妇骗上手，接着就开始不遗余力地说服她需要对自己坚贞忠诚。

综览以上这些特征后，可以发现，这些人偏好有夫之妇和放荡的女子，才得以释放他们的嫉妒，他们自命忠诚，还幻想着去"拯救"自己的情妇，但往往只是孽缘不断。这些人为什么会变成这样？这绝非一个简单的原因所能够解释的。为了要找出答案，我们必须对这些研究对象的生活史做深入的精神分析。

和正常人的恋爱生活一样，这类男子特殊的对象选择和情感纠葛，也可以追溯到幼儿期对母亲的依恋。可以说，他们的这些行为便是摆脱恋母情结的方法之一。

即便在正常的情感关系中，一个男子选择的爱恋对象也时常会有其母亲的影子。而许多年轻人偏爱成熟女子，便是一个最好的例证，只不过他们很快就能把原欲从母亲身上转移开。不过这类男子进入青春期后，其原欲仍然停留在母亲身上，他们之后选择的爱恋对象便都有母亲的特征，甚至轻易就能被看作母亲的替身。

我们或许可以拿新生儿头骨的形状问题打比方：若生产过程不顺，孩子的头骨就会呈现出母亲骨盆的形状。

接下来，我们要检视这类人的一些性格特征，比如他们的爱情条件和恋爱行为，的确可能与他们的恋母情结有关。

最容易解释的大概就是第一个特征，即其恋爱对象必须已经身有所属，也就是说，"受伤的第三者"是必不可少的。同时我们可以观察到，自孩童有意识起，母亲就是属于父亲的，而"受伤的第三者"其实就是父亲的化身。

因此也就不难理解，这些人把情人视若珍宝，对她们专一忠诚，乃因每个人都只有一个母亲，孩子与母亲之间血浓于水的亲情，是怎么也割断不了的。

考虑到这些人的爱恋对象都只是母亲的替代，与母亲的唯一性相矛盾，那么他们一再更换情人的行为，就比较好理解了。

通过对其他案例的精神分析研究，我们进一步了解到：那些潜意识中被认定为不可替代的东西，会被人们在现实中一再地追寻，这是因为替代终究是替代，不可能与他们所期望得到的东西完全吻合。

孩童到一定年龄后，总是喜欢问问题，他们想问的问题永远都只有一个，却始终找不到合适的话语来表述。有些精神受过创伤的患者时常会喋喋不休，其实他们想说出心中的郁闷，却不能清楚地表述。这些现象，都可以套用上述理论来解释。

相较之下，第二个条件，即所选对象的放荡性格就不太适用恋母情结来解释。在一个神志清醒的成人眼中，母亲应当是不容侵犯的圣人，也是纯洁的化身。

如果有人怀疑母亲的品德，那对自己来说必是莫大的侮辱；如果自己的内心也产生了这种疑问，那这个人肯定要饱受煎熬。但正是由于"母亲"和"荡妇"之间的对比落差，才促使我们研究这两种情结的发展历程，以及两者在潜意识中的联系，因为我们以往就发现，在意识中并不一致的两种事物，在潜意识中却可能会合为一体。

随着研究的深入，我们将目光聚焦到青春期之前。也是从这时起，孩子们开始对成人间的性关系慢慢有所了解。自那些带有挑逗倾向的情色用语中，孩子们开始窥见性生活的秘密，而成人也因其性行为的暴露，权威形象毁于一旦。

这件事对孩子们的心灵可能会产生极大的冲击，也直接导致了他们与父母之间关系的转变。孩子们在听到那些粗俗不堪的话后，往往会如此反驳：你们的父母和其他人可能会这样，但我的父母不可能。

而就在性萌芽的同时，男孩们将会了解到有些女人依靠性交易谋生，并将其视为可耻。自然，他们对此并不全然了解，一旦他们明白在这些女人的帮助下，他们也能享有性生活，并由此迈进成人世界，他们的心情大概是既期待渴望又担心害怕。

直到他们发现性行为虽然丑陋，但自己的父母也难免如此，他们就会若有所悟地对自己说：母亲和荡妇之间的区别或许没有那么大，她们的某些行为其实是一样的。

而自己这番省思，会重新唤醒他们儿时的记忆和愿望，让心中波澜再起。于是在新认识的作用下，他们又开始渴望母亲，而将父亲当作自己的情敌，对他百般憎恨，从而再度陷入"伊底帕斯情结"之中。

他们渴求母亲，而母亲却将允许与她发生性行为的特权给予父亲而非自己，这被他们视作一种不忠的行为。一旦这种情感得不到适时的宣泄，他们就只能编织幻想并沉溺于其中。

幻想情节错综复杂，但这种幻想大致围绕着与母亲发生性行为而起，之后也往往以自慰结束。在恋母情结和仇父情结的双重作用下，母亲不忠的画面时常会在他们的幻想里出现，幻想中母亲出轨的对象往往有着男孩自己的影子，或者更准确地说，就是他们理想中那个长大后能与父亲一较高下的自己。

在其他场合，我曾提到过"家庭浪漫史"（Familien Roman）这个概念，这大抵就是这一时期男孩们丰富的幻想和他们自我认可的想法交织在一起的结果。

在了解这段精神发展历程后，我们也就能够理解，这类男性对性情放荡的女人青睐有加，其实是其恋母情结在作怪。而且我们所研究的这类男性的情感生活，与其青少年时期的心理发展十分密切。他们过分专注于青春期的幻想，并在潜意识中悄悄运行，这一切都体现在其日后的现实生活中。而青春期过度的自慰行为，也促使这种幻想进一步固化。

于是幻想主导了这些人真实的情感生活，相比较之前所提到的"拯救爱人的冲动"，现实的情况显得多么随意且肤浅。于是在这些人的眼里，情人自甘堕落，面临着道德沦丧的危机，因此他们有必要保护她们，监控好她们的道德，改掉她们的恶习。

通过对隐蔽性记忆（Deckerinnerung）、幻想和梦境的研究，我们发现，正是我们的潜意识将一切"合理化"了，其原理与梦境研究中的"二次加工"（Sekundäre Bearbeitung）作用类似。

事实上，"拯救"这一主题也是恋母情结或者双亲情结（Elternkomplex）的产物。当一个孩童听说自己的生命是双亲赐予的，母亲怀胎十月将他带到了人世，在他好强且渴望独立的心里，就会出现一个念头：用一个等值的礼物来报答父母的恩情。

这就好比一个倔强的男孩会说的话：我不要父亲任何的给予，他给我的，我都会如数奉还。他们幻想有朝一日能救父亲一命，这样他们就算是跟父亲互不相欠了。这种幻想也会在一些如皇帝、国王和其他大人物的身上出现，并以此种扭曲的形态刻画在人们的意识里，这些也成了许多作家创作的原型和素材。

在实际的操作过程中，对于父亲的感恩总是停留在救其一命的幻想之中，而对于母亲的感恩，男孩幻想的情感则要细腻许多。

母亲将自己带到了人世，要回报她们生育的恩情并不容易。但潜意识最擅长的事情就是变换意义（其实在意识中，不同概念的混淆也是常有的），拯救母亲，完全也能够通过如此方式来实现：帮她生一个跟自己差不多的孩子。

相比于救人一命，这一意义的变换其实并不大，但情况也合情合理。母亲赐予我们生命，我们就送还她一个跟自己相似的孩子作为回报，以示自己的感恩之情，一命换一命，这大概也说得过去吧！

在这一类的救赎幻想中，孩子们完全将自己想象成自己的父亲了。所有那些温柔、感激、渴望、倔强、专横的情感需求，在自己做自己父亲这件事情上都得到了满足。在这种意义的变换中，大多数的意义都保存得相当完好，甚至连危机感也一直存在着。

对于人类而言，出生本身就暗藏着危险，是母亲的不懈努力才让我们存活下来的。在我们出生的过程中，遭遇了人生的第一场危机，而这也成为日后我们生命旅途中的恐惧之源，或多或少会给我们的心灵留下阴影。

苏格兰民间传说里的马克多不是由母亲生育出来的，而是自己从母亲的身躯里破膛而出的，因此他并不知恐惧为何物。

古代的释梦家阿特米多鲁斯（Artemidoros）说得没错：梦的意义因做梦者的不同而不同。因此在男性和女性的潜意识中，报答救命之恩的做法也不相同：在男性方面，是让母亲生一个孩子；在女性方面，则是自己怀一个孩子。

而梦境和想象中拯救行为的不同意义，若跟水联系在一起，就更加容易理解了。

如果一个男人在梦里从水中救起了一个女人，他会让她成为母亲，从上文中我们可以发现，这其实意味着他把她当作自己的母亲了；反之，如果一个女人在梦里从水中救起了一个孩子，她就会自愿做孩子的母亲，如摩西神话中的公主一样。

个别情况下，有时对父亲的救赎也可能非常温柔，这主要表现为想把父亲当作自己的孩子，或者说想要有一个与自己父亲一样的孩子。由于救赎母亲与双亲情结之间有着千丝万缕的联系，因此对情人的救赎也成为这类爱恋关系中不可或缺的一个特征。

我不想着太多笔墨为我的研究方法辩护，如同我提出肛门性欲（Analerotik）时一般，我总是习惯于在观察所得的材料中，挑出那些特点鲜明的个案加以研究。许多人可能只符合一两个上述特征，或者其特征不甚明显，只有对他们进行全方位的分析，才能判定他们是否属于这类男性。

2

性无能：情欲生活中的堕落倾向

1. 降格行为

如果问一个精神分析师，什么是除了各种恐惧症外最常见的病症？他的回答会是心理性阳痿（psychischerImpotenz）。

大多是那些性欲极端旺盛的男子才会被这类病症所折磨，他们的性器官在性过程中会突然"拒绝合作"，尽管它们在性行为前后都被证明是功能健全的，且在这些男子心中，也的确都有想大展身手的欲望。

而且他们也知晓自己的状况，他们发现，只有与特定的对象性交时才会出现障碍，和其他人则不会。他们明白是性对象的某些特质使他们变成性无能的，有时他们还能够感受到来自内部的阻力，仿佛这股阻力妨碍了意志的执行，但又说不清楚这股阻力到底为何，也说不清到底是性对象的何种特质引发了此状况。

若一再经历这种状况，他们难免会猜测，认为是第一次失败的经历干扰了自己，越害怕情况越一再上演。但第一次究竟为何失败，他们也想不起来了，只能将其解释为意外。

不少人从精神分析的角度来研究心理性阳痿，[1] 且每个人都能说上一番道理，也能从各自的行医经历中找出佐证，可以确定的是，心理性阳痿是某种特定心理情结所造成的结果，但患者本身对此并不知情。

就其致病原因而言，大抵还是与患者乱伦的欲望有关。患者若总是幻想着与自己的母亲或姊妹性交，这种幻想就很难被其他想法逾越。此外，也可能是某次失败的教训使患者联想起儿时的性经历，使他在女性性对象面前阳痿。

若我们深入精神分析那些严重心理性阳痿的案例，就会对患者的性心理过程有更多了解。不出意料的是，患者之所以备受折磨，仍是因为原欲在发展过程中受到阻碍所致，因而没能达到正常

1　M. 施泰纳（M.Steiner）：《男性的功能性阳痿及其治疗》，1907年。费伦斯（Ferenczi）：《对心理性阳痿的分析和治疗》，1908年。

的状态，这很可能也是所有精神障碍的发病之源。

正常的情欲行为有赖于两种情感的结合，我们将这两种情感称作真情（die zärtliche Strömung）和肉欲（die sinnliche Strömung）。在这类心理性阳痿的案例中，这两种情感从未合流。

在这两种情感中，真情出现得较早。它出现在孩童的幼儿初期，其对象主要为家庭成员和孩子的监护人，体现了孩子对自我保护的需要。

真情本身就有性冲动和性趣味的成分存在，这在孩提时期已经显现，在精神病患者身上更容易观察到。这种真情，也是孩童早期对象选择的一种表现。我们发现，性冲动第一次在选择对象时，总会根据本能的判断，如最初的性满足总是借着以自保为目的的功能来完成一样。

父母和监护人对真情里的情欲成分不加遮掩，甚至直言不讳地认为"小孩是一个玩具"，这也无形中提升了孩童本能里色情的成分，如果再加上一些外部因素，在孩童的发育后期，性爱就会成为无可避免的话题。

真情贯穿了孩童的幼儿期，越来越多的情欲成分也渐次融入，但在此时期还没有跟性目标联系起来。一旦进入青春期后，强大的肉欲便开始出现，其目标也变得非常明确。肉欲会重蹈覆辙，并对幼儿期的性对象倾注更多的力比多，但由于乱伦禁忌的存在，他们会发现早期的性对象其实并不适合自己。

因此，他们便转而寻找其他性对象，才得以享有真正的性生活。新的性对象虽是陌生人，但依然具有幼儿期性对象（潜意识中的印象）的影子，随着时间推移，幼儿期投注在母亲或姊妹身上的百般爱意，皆会被转移到新的性对象身上。

依《圣经》中的约定，男人终有一天要离开父母，去追寻属于自己的女子，并与她在真情和肉欲上结合。情欲到了一个标准，男人便会为自己的另一半深深着迷、神魂颠倒（男人天生就会对性对象有着过高的评价）。

若说在原欲发展过程中，有什么会出差错的地方，不外乎以下两点：首先，选择新对象的过程并非一帆风顺，新的对象或许没有那么大的吸引力，若一个人无从选择或者可选范围不大，便难免会遭受失败；其次，长大后本该遭到遗弃的儿时性对象依然吸引力甚大，因此有些人仍陷于儿时的性吸引中，无法自拔。

如果以上两个因素强大到一定地步，一个人就很可能为精神病所困扰。力比多脱离现实，沉醉在幻想中，这在心理学上被称作"内倾性"（Introversion）。在这个内倾性的过程中，首批性对象所带来的印象会越来越强，使人过度着迷其中，但迫于乱伦禁忌，对这些性对象的力比多只能在潜意识中潜伏。如果自慰行为能使这股潜伏的肉欲得到满足，那么乱伦的原欲就会被隐藏在更深的地方。

这一切仅在幻想里进行，实际上什么都没有发生，事件本质也没有改变。即使新的性对象在幻想中取代了最初的性对象，潜意识中自慰的对象也不会发生变化。这种代换最多在幻想中被意识所接受，但原欲仍然隐身于潜意识中。

因此，年轻人的肉欲，极有可能与他们潜意识中的乱伦对象，或者说是他们潜意识中的乱伦幻想联系在一起。这有很大概率会导致彻底的性无能，若他的性器官恰好也较虚弱，情况便会更加严重。

而心理性阳痿的形成则相对容易，肉欲的力量过于强大，不可能完全隐身于真情之后，它们一直在找机会在现实生活中大展身手。

而且心理性阳痿患者的性行为特征鲜明，由于欠缺强大的心理驱动力，性爱中的他们往往情绪无常，易受干扰，很难真正享受性生活的乐趣。他们的肉欲与真情互相背离，这会对他们的对象选择产生限制。高亢的肉欲仅会寻找那些没有乱伦之嫌的人来发泄，然而一旦他们在心里对某个人甚为敬爱，那个人便不会激起他们的肉欲，只会引发他们的温柔与关爱，与性无关。这类人的情欲生活分成两个极端，在艺术上，这被生动地称作"天国之爱"和"凡尘之爱"（动物之爱）。

当他们爱上一个人时，就不会对其产生邪念；若对一个人有淫欲，就不会对其动真情。他们理想的性对象，是那些既不必投入太多的情感，又能将他们的肉欲自最初性对象身上转移开来的人。

然而越是逃避或压抑某些事物，越容易起到反作用，所谓物极必反。本应帮助他们避免乱伦的意中人身上，往往也隐藏着最初性对象的某些特征，这令他们一蹶不振，使之在心理上彻底阳痿。

要防止这种极端情况的出现，就必须在心理上压低性对象的地位，因为这些人往往对自己的性对象过于高估，甚至将她们放到足以与自己乱伦的对象及其替代者等同的位置上。因此只要做到压低性对象的地位，肉欲便不再受到桎梏，进而能够转化为性成果，带给人快感。

此外，真情和肉欲无法结合的人，往往其正常的性生活也并不美满。因此，有些人选择反常的性对象，但这本身也很矛盾：如果这种性需求得不到满足，患者就无法尽兴，若要尽兴，那他们的性对象便只会是地位卑微的人。

理解此点，我们也就明白了男孩们在幻想中将母亲贬为荡妇的动机所在。在他们的脑海里，想要借助此种方式修补情欲生活中真情和肉欲之间的裂痕，好让降格后的母亲也成为他们发泄肉欲的对象。

2.真情和肉欲

以上文字，是我们站在心理医师的角度，研究了心理性阳痿这一现象，虽然似乎与我们这篇文章的标题关系不大，但随着研究的深入，我们发现：对于我们要讨论的整个话题而言，上述文字是何其必要。

依照上文的论述，结合真情和肉欲的情欲生活不会导致心理性阳痿，而对最初性对象的执着、乱伦禁忌及青春期的失败性经验，才会有加重此种性功能障碍的可能。但这种看法有破绽：此种观点太绝对，即便它阐释了何以有些人会患上心理性阳痿，却没能说清楚其他人为何会幸免于不受干扰。

上述所提到的对最初性对象的执着、乱伦禁忌以及青春期的失败性经历，在每个人身上都可能会发生，也因此，心理性阳痿或许更像是一种普遍的存在，而非少数人的病症。

所以不难推敲，心理性阳痿属于量变而非质变的病症，只有致病因素累积到一定程度，才会显现症状。我原则上同意这种观点，但我认为，心理性阳痿的普遍程度超乎想象，从某种意义而言，它其实是文明人群情欲生活的典型特征。

如果我们将心理性阳痿定义得更宽泛些，除了那些性目标明确、性器官功能正常，但在性交过程中难以"抬头"的人之外，那些能完成性交过程，却体会不到任何乐趣的"精神麻醉者"，也能算作心理性阳痿患者。

事实上，这类"精神麻醉者"还更为常见，通过对这类案例的精神分析研究发现，其导致的原因与狭义的心理性阳痿一模一样，但何以两者的症状会不同，目前仍未有令人信服的解释。人们会轻易地将这些数量众多的精神麻醉的男人与那些同样不在少数的性冷淡的女人相比，她们的情欲世界同样也是个谜，其混乱复杂的程度和心理性阳痿的男人不相上下。[1]

如果我们不满足于只是扩大心理性阳痿的定义，还想更进一步将其隐性的症状一并挖掘，那我们会发现，在今天这个文明世界里，男性的情欲行为本质上也是一种心理性阳痿。

仅有极少数受过文化教育的人，其真情和肉欲的结合能得以实现。对大多数男性而言，在性行为中如果面对的是一个他所尊崇的女子，拘谨紧张就在所难免；如果在低微的性对象面前，他们就能大振雄风。

当然造成这种状况的因素有很多，可能是这些人的性目标中包含一些变态成分，他们不敢在他们所敬爱的女子身上做出尝试。唯有当他们能够全身心无顾忌地投入到性爱中时，他们才能在性欲上得到满足，但在端庄的女子身上，他们绝对不敢这样做。

因此，他们只好寻找在道义上相对低微的性对象，这些女人对他们所知甚少，也无法对其说长道短，这让他们安心且更愿意把自己的性能量释放在这类女子身上，尽管他们的真爱是某个更为高贵的女子。

我们时常会发现，一些上层社会的男子往往会找一个出身较卑微的女子作为情妇，甚至娶她为妻。这大概就是对性对象的征服欲作祟的结果，其目的还是为了获得完全的性满足。我敢断言，导致

1　女性性冷淡亦是一个十分复杂的问题，需从另一个方面入手。

现实生活中心理性阳痿的两大因素，即儿时乱伦欲望和青少年时期失败的性经历等难以摆脱的事件，同时也是造成当代男子在情欲生活中做出上述行径的主因。

这种说法虽然听来牵强，但我得提出：要想尽情享受性爱的乐趣，就必须克制对女性的崇拜、避免与母亲或姊妹乱伦的念头。若对这个问题进行反省，就可以发现人们心目中的性行为往往被视为低贱的，而这也并非因为它玷污了我们的身体如此简单。

许多人不愿意承认此点，不过问题的核心还得从青少年时期去挖掘，一个人在青少年时期的肉欲已经十分旺盛，但在最早的乱伦对象抑或新的性对象身上，都找不到发泄性欲的通道。

同时，女性也生活在阴影当中，甚至还承受着来自男性行为举止的压力。男人要么在恋情之初视她们为女神，但占有她们之后，反而看低她们；要么在她们面前一蹶不振，无法发挥自己全部的性能力。无论是前者还是后者，对她们来说都并非好事。

我们很少能观察到，女人打压其性对象的需求，因为她们不像男人一样会高估自己的性对象。然而，长期与性隔绝，使得她们的肉欲一直停留在幻想之中，同时也让她们无法摆脱禁欲念头的束缚。即使在性行为被允许之后，她们往往也会患上心理性性无能（即性冷淡）。

因此在合法成婚后，许多女人在一段时间内仍然会对性行为感到拘束；而另一些女人只有在偷情中才能获得快感，因为禁忌之爱的条件重新得到了满足。她们不忠于自己的丈夫，却能对自己的情人忠贞不贰。在我看来，女性的禁忌之爱，在本质上无异于男性贬低性对象的需求。

出于文化发展的考虑，我们的教育在性成熟和性实践之间设置了很长的一段空窗期，从而造成了上述的后果。无论男性女性，都在试图摆脱这种真情和肉欲无法结合而造成的心理性性无能，结果却截然不同。

女性之所以如此，或许与两性间的另一项行为差异有关。在空窗期，受过文化教育的女性们倾向于安分守己，并恪守性行为的底线，从而在内心中将禁忌和性爱混为一体。男性则总会通过降格自己的性对象来打破禁忌，从而也将此特征带入了之后的性生活里。

现今的社会，在性改革的议题上展开了激烈讨论。在此，我们有必要指出，精神分析研究与其他科学研究一样，没有任何的偏颇。它为的是挖掘现象背后的深层缘由，并分析两者间的关联。

如果它能够在性改革上助其一臂之力，以有益做法取代错误做法，那自然是再好不过了。不过改进后的做法，会不会适得其反，带来更深的伤害，却很难事先预知。

3. 情欲束缚的意义

文化约束了情欲生活，导致性对象普遍降格，这使我们不由得将更多的关注放在性冲动上。一开始的禁欲行为使人们在婚后无法彻底获得性满足，不过若从一开始就不限制任何性行为，结果也不会变得比较完美。

假使性欲很容易满足，性爱的精神价值很快就会随之下降。要使原欲达到高潮，必须刻意为它设置阻碍，因此当自然条件不再阻碍性生活时，各个时期的人们便会制定规约，对性行为做出一定限制，从而在之后彻底地享受爱情。无论是对于个体还是整个种族而言，这一点都十分重要。

当古代文明几近瓦解时，爱欲便可以任意得到释放，爱情价值也随之下降。而一旦爱情失去价值，生活就会变得空洞，这时必须要有一股相反的力量，将爱欲再度重新束缚。

就此情况来看，基督教对于禁欲方面的束缚确实提升了爱情的精神价值，这是以往其他宗教所无法企及的。特别是在那些终生都与原欲诱惑做斗争的僧侣身上，禁欲的意义就此达到了顶峰。

我们能轻易发现，这种矛盾的状态其实便是我们机体本能的普遍特征。一般而言，挫折程度的不断提高会逐渐增加本能的精神意义。如果我们让一群形形色色的人忍受同样的饥饿，随着进食需求的增加，他们的个体差异会变得越来越模糊，取代这些差异的，则是饥不择食的本能进食需求。

但这是不是说明若满足本能的需求后，它的精神地位就会急速下降呢？

我们试着想象酒鬼和酒之间的关系，在诗歌研究中，酒鬼从酒那里获得满足，人们也将它与性满足做对比，这从科学的角度来看，也有其道理。然而可曾听说过有哪个酒鬼腻了同一种酒的味道？必须靠不断更换酒的种类才能保持新鲜感？事实与之相反，习惯使得酒鬼与他所喝的某种酒越来越亲密。另外，可曾听说过哪个酒鬼需要跑到一个酒价更贵或者禁止饮酒的地方，借着这些人为的障碍，来找回日渐消减的满足感？当然没有。

如果我们听过一些著名的酒鬼如伯克林斯（Böcklins）等人的自白[1]，就可以知道他们与酒之间的关系相当融洽，仿若一段美满的婚姻。那何以男人和自己的性对象之间就做不到这点呢？

虽然有些荒唐，但我认为有必要考虑这样的可能性，即性冲动彻底得到满足并非一件好事。在性冲动的形成过程中，有两种状况最为关键：

第一，受到二次对象选择和乱伦禁忌的影响，性冲动的最终对象一定不是原来的对象，而只是一个替身。精神分析学说已然证实，若欲望的最初对象遭到精神力量或乱伦禁忌的排挤，会有无穷无尽的替代对象来取代它，但其中的任何对象其实都无法令人满意。这或许能够解释成人在情欲生活中为何会频繁地更换性对

1　参见G.弗洛克（G. Floerke）：《与伯克林斯的十年》，第二版，1902年，第16页。

象，并呈现出一种"性饥渴"的样貌。

第二，性冲动由多种成分聚集而成，也会被分解成各种成分。但并不是所有成分都能在最后得到发展，有些成分用作他处，或者被事先压制。比如本能中的食粪成分，尤其不能被我们的美学文化所接受，这大概也与人直立行走后嗅觉器官远离地面有关；还有，情欲生活中，那些过度施虐成分也必须被抛弃。

但性冲动的结构非常复杂，以上这些变动都只是触及表象，内部激发性冲动的实质因素并没有发生变化。性和排泄始终关系密切，性器官的位置介于尿道和肛门之间，便是最好的印证。套用拿破仑的话，"身体结构决定命运"，我们的身体朝着符合美学标准的方向迈步，性器官却缺席了这一过程，依旧保持其兽性。

性冲动很难被控制住，对性冲动加以控制往往会适得其反。不过在现实生活中，一部分性冲动总是会被人为搁置，以丧失部分乐趣为代价，使得性行为每每存有相当的遗憾。

我们由此可得出结论：在文化的束缚下，性冲动难以得到彻底的满足；然而由于文化的发展，人类不免要承受一些苦难，甚至在未来面临灭种的危机。

当然，这种悲观预言是基于以下猜测的：在文化的压力之下，性冲动无法正常释放，从而导致各种不满。但反过来说，也正是在各种束缚下，性冲动无法得到彻底满足，才成全了人类最伟大的文化内涵。

　　借助于升华作用，性冲动的成分不断发生转化，成了推进文明的动力。如果性冲动完全得到满足，这些性动力又怎么能用作他处呢？若真如此，他们肯定会沉溺于性交的乐趣中无法自拔，文明的进步也就止步不前了。

　　因此，人类的两大本能（即性本能和自保本能）之间不相平衡的差异，驱使我们的文明不断前进。当然，代价就是人类中的弱者，不得不面临患上精神病的可能。

　　科学既非危言耸听，也非自圆其说，然而我很愿意在此承认，要得出以上如此宽广的结论，需要更为广泛的研究基础。而我在此所讨论的，是一个相对孤立无援的议题。也期望人类在其他领域的进步，可以更好地弥补文化在性上所引起的伤害与不足。

3

处女谜思：一种禁忌

追溯原始人类的性生活，他们对于处女（即女性童贞）的态度，大概是让我们最震撼的事情之一。

今时今日，男性关心自己所追求的女子是不是处女，似乎是理所当然的事。这一观念已深入人心，若有人提出何以会关心此事的疑问，反而会令人不知所措。

我们文明社会要求女子在进入婚姻以前，不得有与丈夫以外的其他男子发生性行为的经验，这种做法是为了保证男性对自己妻子排他性的占有，并使他们得以垄断妻子的过去，这正是传统一夫一妻制的实质。

也因为女性的情感生活如此受关注，难免会造成一些预设立场。环境和教育的影响，使得少女长期压抑内心的欲望，并为她们的情欲设置重重障碍。第一个帮助她们摆脱障碍，让她们得到性满足的人，对她们而言有着持续的吸引力，无法被其他人所取代。这段经历也让女性产生了某种归属感，使得她们心甘情愿地被男人占有，也帮助她们抵挡来自外界新事物的诱惑。

1892年，冯克拉夫特-埃宾提出了"性从属"（Geschlechtliche Hörigkeit）这一概念[1]，用来形容在一个人与另一个人发生性关系后，一方对另一方产生强烈的依赖和顺从心理的现象。这种归属感有时十分强烈，导致一个人完全失去自我，甚至自我牺牲也在所不惜。

埃宾同时也指出，一定程度的依赖对性而言十分必要，有助于性关系的维持。事实上，文明婚姻的基础便是由一定程度的性从属来奠定的，避免其受多配偶倾向的影响，对于社会人群有十分重要的意义。

埃宾认为，一个"善感且性格软弱"的人爱上一个相当自私的人，性从属便从此萌生。但具体案例分析表明，事情比想象中更加复杂。

1　冯克拉夫特-埃宾：《对"性从属"和受虐倾向的看法》。载于《精神病学年鉴》第10卷，1892年。

我们可以发现，关键因素在于完成性行为所要克服的阻力大小。此外，对性行为的专注程度和初夜的独一无二性，皆对性从属的萌生有着相当大的意义。

由此可见，性从属在男性和女性身上出现的程度是不一样的，女性往往更容易完全委身于他人，但相较于古代，男性在今日倒更容易臣服于石榴裙下。

在研究的案例中，发现男性性从属的现象大多是这样引起的：一个男子在某个特定的女子身上克服了自己的心理性阳痿，之后就跟定了她。不少曾引起一时轰动的婚姻，甚至有些命运的悲剧，都是由此引起的，这样的案例其实并不算少数。

我们再回到本节的开头：如果我们认为，原始人类并不重视童贞，且把当时的许多女子都在初次婚内性行为之前就破了身作为一种证据来推测，这十分不恰当。相反，对于原始人类来说，破处是一种有着重要意义的行为，而且是一种禁忌，甚至是一种具有宗教性质的禁忌。依据习俗，处女之身不应该留给女子的丈夫，丈夫甚至应该刻意回避破处。[1]

在此，我无意列举能够印证此言的文献和证据，也无意强调这一现象分布的广泛性及其各种各样的表现形式。我只想指出一

1　见：克劳雷（Crawley）：《神秘的玫瑰——原始婚姻研究》，伦敦，1902年；巴特尔斯/普洛斯（Bartels/Ploß）：《生物学和民族学中的女性》，1891年；弗雷泽（Frazer）：《灵魂的禁忌和危险》；哈夫洛克·霭理士：《性心理研究》。

点：即使在今日，在那些生活在世界上但未开化的人群里，婚前移除处女膜的行为仍然十分普遍。

克劳雷在文中如此写道：原始人类的婚姻仪式有这样一个环节，即由指定的人刺穿新娘的处女膜，而这个人并非新郎；这种现象在最低等的文化社会里十分普遍，尤其是在澳大利亚。[1]

如果第一次婚内性交破处是被禁止的，那么必须在事前由某个人以某种方式执行。之后，我还将引用克劳雷书中的几处言论，并附上我自己的一些看法。

第191页：澳大利亚的迪里人（Dieri）及其一些邻近部落有着这样一个风俗，当少女进入青春期后，人们就会摧毁她们的处女膜。在波特兰（Portland）和格雷南（Glenelg）这两个部落里，通常由年长的女性来完成这一使命，有时人们也会请来白人男子为新娘破处。

第307页：一般而言，人们会在少女进入青春期后刻意摧毁她们的处女膜，这偶尔也会发生在她们的儿童时期……在澳大利亚，人们还常会为此举办一次正式的性交活动。

第348页：《引自史宾塞（Spencer）和吉伦（Gillen）关于澳大利亚一些以严格限制外族通婚而闻名的部落之报道》中提到，人们会人为捅破处女膜，那些受命执行的人，要如同出席仪

1　参见《神秘的玫瑰——原始婚姻研究》，第347页。

式一般庄重地排成一列，与少女进行性交……整个过程分为两部分：捅破处女膜和性交。

第349页：生活在非洲赤道地区的马赛人（Masai）认为破处是婚姻前最为重要的准备工作。马来西亚的萨凯斯人（Sakais）、苏门答腊岛上的巴塔斯人（Battas）和西伯里斯岛上的阿尔菲斯人（Alfoers）那里，破处的过程都交由新娘的父亲来完成。在菲律宾，有些男子甚至以为新娘破处为业，若女子在童年时期没有被年长妇女破处，那就要由他们来代替。在一些因纽特人部落中，僧侣或神父的职责之一，便是为新娘破处。

综观上述，我的评论和疑问分为两部分。第一，以上的这些论述并没有详细区别无性交破处行为和性交破处行为，这一点有些遗憾。只有其中一处明确记载了破处仪式分为两个阶段，即（用手或器具）捅破处女膜和性交。此外，巴特尔斯·普洛斯收集了丰富的材料，但对精神分析的研究用处不大，乃因他是从解剖学的角度来研究问题的，其对破处行为的描述没有心理学上的意义。

第二，我们大概都想知晓所谓"仪式化性交"与普通的性交之间有什么区别。在目前的这些资料中，作者或者对这一话题羞于记录，或者低估这些性交细节的心理学意义，因此大都模糊带过。

而那些旅行者和传教士的原始叙述，或许有着更为详细和具体的记载，但由于这些文献无从考据，且多来自海外，我也就不敢随意下定论了。或许我们可以认为仪式化的性交其实象征着普通性交，人们在仪式中对早期完整的性交行为进行了简化。[1] 如此一来，我第二个疑问就好解释多了。

人们对于处女的禁忌，向来有着不同的解释，以下我将对其大抵做个介绍。一般而言，女子在破处的过程中都会流血，一些原始人将血液视作生命之源，对血液存有畏惧，便是对处女禁忌的第一种解释。

而流血的禁忌也存在于性行为之外，与杀伤的禁忌密切相关。人类的祖先曾经十分嗜血，甚至以杀人为乐，后代的人们将流血作为禁忌，就是为了防止此种原始的恶习再临。如此，处女禁忌似乎也和普遍可见的月经禁忌类似，原始人类对于每月这种神秘的流血现象感到十分不安，他们认为月经，特别是初潮，是被某种幽灵鬼怪撕咬所致，或是女子与这些幽灵发生性行为的标志，也会有人声称，这些幽灵就是某个祖先。于是就产生一个观点，认为处于月经期的女子为祖先灵魂所有，绝对不容许他人染指。[2]

另外，我们也不要过度高估人们对血液的畏惧，毕竟原始人尽管畏惧流血，但在上述的一些部落里，依旧存有一些与此相矛盾的风俗。比如人们对青年男子执行割礼，甚至还会残忍地割除女子的阴蒂和小阴唇。而其他的一些流血仪式，也并没有因为对血液的畏

1　从其他一些婚礼仪式的案例来看，除新郎之外的其他人（如新郎的帮手和同伴）是被允许与新娘发生性行为的。

2　参见《图腾与禁忌》，1913年。

惧而被废除。因此，有些女子在第一次性交后为了满足丈夫，也不再遵守月经禁忌，这自然也不足为怪。

第二种解释同样与性无关，且相较于第一种还更为普遍。此种观点认为，原始人类始终有着一种潜在恐惧，这种恐惧大概与精神分析和精神病理学中的焦虑症患者的症状类似。所有不同寻常的事件或场合里，这种恐惧感都会一再出现，新鲜的、出乎意料的、难以理解的，或者阴森恐怖的事情，都会让人心中生出不安或担心。

一般而言，这些焦虑不安的人所担心的危险，在一开始时最为强烈。因此，每当人们想尝试新事物，或者人生进入一个新阶段时，总会举行一些仪式，以排遣心中的恐惧。久而久之，人们就觉得有必要在开始的时候寻求自保，如新生儿的降临、家畜繁殖或者谷物丰收，概归此类。

同理，婚姻中的初次性交最具挑战性，所有人都必须谨慎以对，第一次性交诚然令人畏惧，流血就更加剧了人们的不安。如此一来，举办一场仪式就是理所当然的事了。于是，将流血禁忌和对新生事物的恐惧这两种解释一同来看并不矛盾，两者还能互为补充。

而第三种解释则认为，处女禁忌应该联系性生活的大背景来理解，这也是克劳雷所推崇的。这种观点认为，不仅与女性的第一次性交是禁忌，与女性性交本身也是禁忌，我们甚至可以说：女人都是禁忌。这不仅是因为女人会有月经来潮，要怀孕、分娩、坐月子，即便是在这些时间之外，与女性的性交也会受到许多限制，有时我们甚至要质疑野蛮人的性交自由是否确实存在。

在某些条件下，原始人类的性行为显然会突破所有束缚，但一般来说，他们的性行为其实比处于更高文明阶段的我们受到更多的约束。

男子在做如出行、打猎、作战等大事之前，往往要远离女性，尤其要避免与她们发生性行为，否则他们的精力就会受到影响，不得善终。哪怕是在日常生活里，他们也主张男女分居，女人和女人住在一起，男人也和男人居住一块，在许多部族里，几乎不存在我们今天所定义的家庭生活。

当时，男女之间的界限如此分明，即便相互之间都不能称呼对方的名讳。因此，女人之间的交流都是用特殊的词汇，甚至可说是用全新的语言。有时候，性需求会打破男女分居的界线，但在某些部族里，即便是夫妻也需要偷跑到室外行其敦伦。

只要原始人类设置一项禁忌，就表明此项禁忌中存有他们所害怕的危险。而在一切禁忌背后，其实是男人内心中对女性的恐惧之情，这一点是我们所无法否认的。

也许是因为女性的生理结构与男性有异，她们永远是一个神秘而陌生的谜，这不免会让男人觉得她们不怀好意。男人害怕女人会削弱他们的力量，也害怕被女性同化，继而丧失自身的既有能力。

比如性交就是一例，在性交过后的一段时间里，男人往往会四肢无力、疲乏不堪，这让他们充分感受到女人的可怕。他们对此越顾忌重重，内心就越诚惶诚恐。这一切看似离我们十分遥远，但其实从未从我们身边离开过。

许多观察过原始部落的人都认为，这些原始人欠缺对爱欲的向往和追求，其对情欲生活的渴望度，不可与文化人相比。即便另一些人持相反意见，但以上这些禁忌习俗仍然存在，至少能证明一点：人世间确实存在一种与爱相违背的力量，这股力量让女人显得陌生而可怕，进而备受忌惮。

克劳雷的观点和精神分析学说的通行术语几近相同。他认为，每个人都会在"人身隔离禁忌"（taboo of personal isolation）的作用下与他人保持一定距离，只需细微的差别，就足以在天性相同的人之间产生陌生感和隔阂感。

顺着此种说法，我们可以观察到，人与人之间的敌意其实都源于自己对于细微差别的自恋。每个人对于自己有别于其他人的地方，都会感到骄傲不已，这就使得人们无法彼此相亲相爱，也很难做到宽容待人。但在精神分析理论看来，男性之所以自视甚高，进而对女性十分不屑，大概是因为幼儿期的"阉割情结"（Kastrationskomplex）影响了他们对女性的判断。

说到这里，我们似乎有些离题。然而对女性的广泛禁忌，并不能归纳出为何人们要对首次的性行为加以种种限制。我们现有的合理推测，仍然停留在之前的两种畏惧的解释之上，即对流血和新生事物的畏惧。

不过我们必须承认，这两种解释也没有切中问题的核心。显然，人们设置处女禁忌，是要为女子未来的丈夫消减不必要的担忧，而这担忧必然与第一次性行为有关。但此前我们说过，少女会对与之发生初次性行为的男子产生特殊的依赖。

在此，我不再去研究禁忌的来源和真实意义。在《图腾与禁忌》一书中，我已对此做过论述，并指出禁忌包含矛盾情感是必然的，乃因它起源于一些史前的事件，而这些事件则直接导致了家庭的诞生。

但在如今所观察到的原始人类的禁忌里，这种原始含义已不存在。即便是现今最不开化的族群，他们的文化也已和史前文化相距甚远，尽管他们的文明不及我们发达，但若以时间跨度来看，其实他们的发展历程并不逊色于我们。

如今那些原始族群的禁忌，早已发展成一套高明的系统，旧的动机逐渐被新的、有利于和谐共处的动机所替换，其复杂程度堪比精神病患者的恐惧症。

若不考虑起源的因素，我们大致可以推测：原始人类害怕什么事物，就为此设置一个禁忌。但总归而言，危险其实大部分停留在精神层面上，因为原始人类并不会如我们那样，对危险的类型做出严格的区分归类。

原始人类无法分辨什么是实质危险，什么是精神危险，也无法在真实的和虚构的危险中区分彼此。他们的世界观属于泛灵论，对他们而言，来自同类的威胁，与来自环境和动物的威胁在本质上并没有差别。此外，他们也时常将自己内心的敌意投射到外在世界，从而对他们不喜欢或陌生的对象表现出敌意。因此，女性既然被视作危险的来源，那么和她们的初次性交就显得特别危险了。

我认为，我们只要对当代女性的行为，做同样的对比分析，就不难弄明白这种危险到底是什么，以及它对女子未来丈夫造成威胁的可能。我提出的结论是：破处的风险确实存在，原始族群的处女禁忌也确实有其来源，这也帮助人们抵挡了精神上的危险。

我们一般认为，女性在性交过程中达到高潮后，会紧紧环抱着丈夫，以示感恩，而且这同时也是一种献身给丈夫的表现。但我们也明白，上述过程难以在初夜发生，大多数女性都会对初夜备感失望，因为她们的身体进入不到火热的状态，更无法得到满足。只有在摸索一段时间后，女性才能体会到性爱的乐趣。

然而，有些女性始终处于性冷淡的状态，无论自己的丈夫如何充满爱意，都无法改变此种状况。也因为我们对于女性这类性冷淡还没有足够的认识，如果她们的性冷淡并非由于丈夫的性能力不足，那我们势必要对其加以研究，从类似的现象中寻找原因。

许多女性会习惯性地逃避初次性交，这个行为其实很难解读，通常可以看作女性自身防御机制的条件反射。不过，我认为有些病理学案例，可以帮助我们揭开女性性冷淡的谜底。有些女性在首次性交后，开始对自己的丈夫产生敌意，她们大骂丈夫，在他们面前蛮横无理，甚至有人还动起手来。

我曾遇到过一个典型的案例，并对它进行了详细分析：实际上，这位女性深爱自己的丈夫，不但主动要求与其性交，也能从对方身上获得难以言喻的快感。

在我看来，使事件前后反差甚大的原因，恰好是女性的性冷淡。它使女性的爱意与温柔消失殆尽，甚至当事人也难以捉摸自己的行为。在上述案例中，导致女性性冷淡的因素一分为二，走向了两个极端，其作用机制与我们所熟悉的强迫症患者的"双阶段症状"（Zweizeitige Symptome）相似。既然将女性破身，会有招致其仇恨的危险，那么身为一个女子未来的丈夫，完全有理由避免破处的危险。

通过分析，我们轻易厘清是哪些冲动导致了女性行为上的矛盾，我希望这也能用来解释女性性冷淡的原因。初次性交在女性体内启动了一系列这样的冲动，它们并非女性正常需要的，有一些冲动在随后的性交过程中也不会再重复出现。在这里，人们首先想到的可能是在破处的过程中所要承受的痛楚。有些人认为这就是其中的关键因素，但事实上，我们不能将矛盾行为完全归咎于初夜的痛苦。

处女膜破裂的同时，也对女性的自恋人格造成了创伤，失去童贞后的哀怨之情就是具体的表现。然而，原始族群的婚礼习俗已告诉我们不要过于高估童贞的价值。在上文提及过，有些地方的婚礼仪式由两部分组成：先（用手或工具）摧毁处女膜，再正式性交或简易性交，且性交的对象并非丈夫本人，而是他的替身。

由此看来，处女禁忌的意义，绝不只是在避免解剖学意义上破处行为的发生。丈夫所要回避的，不只是破处带给妻子的伤害，还有一些别的事物。

在文明世界中的女性，时常对初夜非常失望，因为现实和她们的想象有相当大的差距。

性交行为在过去是被严厉禁止的，因此即便性交终于合法、成为被允许的行为，她们依然无法敞开心胸。许多新娘在他人面前对自己新的情感生活完全不想提及，甚至对父母也不愿意吐露半个字，这是人之常情，更是性压抑对女性造成重重束缚的表现。

对女性而言，若其他人知晓这些，那爱情几乎就失去意义了。甚至，这种情感若过于强烈，还会影响婚姻内的爱欲。唯有在不被允许的秘密关系中，这类女子才能重新找回她们的温柔爱意，形成坚定的意志。

当然，此种看法还不够深入，毕竟这是建立在以文化对女性造成性压抑为前提下的观点，故在原始人类身上并不适用。更重要的原因，可能是之后将要谈到的原欲发展史。

通过之前的分析，我们了解到原欲对初次性对象有着强烈的依赖，这些原欲大多起源于幼儿期的性愿望。对于女性而言，她们的原欲大多聚焦在自己的父亲或者兄长身上。这并非指她们一定想与父兄性交，即便如此，这个愿望也是相当模糊的。

因此，丈夫将永远不是一个女子的意中人。在女性看来，父亲才是最理想的爱人，丈夫只是替身，顶多只能位列第二。若这种原欲的聚焦非常强烈，童年的性愿望始终存在，那她们就无法从作为替身的丈夫身上得到满足，自然更不甘心委身于他。

所以，造成性冷淡的因素，其实跟精神病的发病原因类似。在一个女子的性生活里，若心理因素越强，其原欲对初次性行为后产生的反抗也会越强，她的身体也就越难被丈夫征服。可以说，性冷淡也是一种精神障碍，或者至少可以算是引发其他精神病症状的先备状态，若恰好男性的性能力稍嫌不足，就会使得情况更为恶化。

如此，早期性愿望的影响，似乎能够解释原始族群的种种风俗习惯。破处这项工作总是由长者、神父、圣人或者父亲的替代者来执行，中世纪一些庄园主拥有备受争议的"初夜权"，在我看来便是这类风俗的延续。A. J. 斯托弗（A. J. Storfer）[1] 认为，在许多部族广泛存有的"托白亚之夜"（Tobiasehe，指在婚后头三个晚上节欲的风俗）现象，就是承认祖先对新娘拥有占有特权的表

1　参见《弑父的特殊心理地位》，1911年。

现。而在此之前，荣格[1] 也提过类似的看法。

因此，若能在被赋予破处职责的那些父亲的替代者身上找到神像的影子，以上这些观点也就得到了印证。在印度的某些地区，新娘的处女膜是由木质的男性生殖器所戳破的。而根据圣·奥古斯丁（St. Augustinus）的说法，在古罗马婚礼仪式中也有类似的风俗，不过年轻女子是被要求坐在普里阿普斯（Priapus，希腊生殖之神，他以拥有一个巨大、永久勃起的阳具而闻名）石像的阳具上。[2]

此外，另一个动机也在更深层次上影响女性对男性的矛盾心理，在我看来，这也是导致女性性冷淡的主要原因。在第一次性交过程中，除上述的冲动外，女性还有一些潜藏已久的情感也被重新唤起，但它们与女性的角色和功能格格不入。

通过分析许多患有精神病的女性案例，发现女性在早年都曾经历过一个心理阶段：她们羡慕自己兄弟的男性特征，反观自己没有阳具，就觉得低人一等（其实女性的阳具只是退化了，并非没有）。我们将女性的这种"阳具崇拜"（Penisneid）归为"阉割情结"的具体化表现之一。若说"男子气概"涵盖了"想要成为男人"的意思，那么用"男人般的抗议"一词来形容上述行为就再

1　参见《父亲对于个体命运的意义》，载《精神分析年鉴》第一卷，1909年。

2　参见巴特尔斯／普洛斯：《女性》；杜劳尔（Dulaure）：《生殖之神》，1885年。

恰当不过了。阿尔弗雷德·阿德勒（Alfred Adler）首创了这个词汇，并称其为精神病的症结所在。在这个阶段，女孩们出于嫉妒，往往会对自己的兄弟表现出敌意，也会试着像自己的兄弟一样站立小便，借此来实现两性平等。

前面我们提及，有个女子在性交后对自己的丈夫动手，由此例我可断定，阳具崇拜是出现在对象选择期之前。乃因在那之后，小女孩的原欲转移到了父亲身上，她们不再想长出阳具，而开始想生一个孩子。

在另一些案例中，如果这两种冲动出现的顺序发生改变，比如阉割情结在对象选择期之后才出现，我也不觉得奇怪。但通常而言，女性羡慕拥有阳具的雄性的时期会稍早出现一些，不过它和对象选择期相比，跟自恋期的关系更亲近些。

前一段时间，我偶然听到一个新娘对梦境的叙述，这个梦关乎她对失身一事的反应。梦境显露了这个新娘的真实愿望：她想阉割掉自己年轻的丈夫，并把他的阳具永远留在自己体内。

当然，可以把这个梦轻描淡写地解析成幼儿期欲望的重复与延续，但梦境里的一些细节超越了这个范畴，梦中人的性格特点和她之后的行为，便应验了如下最苛刻的言论。

女性对男性的敌视和怨念，往往隐藏在阳具崇拜的背后，这也是两性关系里恒久的主题之一，许多女权主义者的诉求和文学创作都充分印证了此点。

费伦斯曾经从古生物学的角度推测（我不知道他是否是首位提出这种观点的人），女性对男性的敌意可追溯到两性开始分化的时期，他认为，性交最初是在两个相当的个体之间进行的，但随着时间推移，较为强势的个体就会强迫较为弱势的个体。被迫屈服的一方自然心生怨念，即便在今天，这也是女性的天性之一。我十分乐意看到类似的猜测，只要不过度渲染即可。

前文针对造成女性性冷淡以及被破处后种种矛盾表现的因素，我们罗列了数种可能。现在，我们可以总结：女性不成熟的性心理，都会一股脑发泄到与她发生初次性行为的男子身上。

如此一来，处女禁忌就相对好理解了，原始人类之所以设置种种规定，就是要避免今后要与妻子朝夕相处的丈夫遭遇此种危险。然而，在较高等级的文明里，出于种种诱惑，同时也考虑到破处对性从属的促进作用，人们开始忽视这类危险，女性贞操的保存开始成为一笔任何男子都不愿错过的财富。

但针对婚姻问题的研究表明，女性因为失身寻求报复的愿望，始终未从当代女性的精神世界中彻底消除。细心的观察者必能注意到，许多女子在第一次婚姻中一直欠缺性欲和爱意，但在离婚之后，她们往往能和第二个丈夫恩爱有加，相处融洽。可以说，她们对男人的敌意已经在首任丈夫身上消耗殆尽了。

虽然如此，处女的禁忌其实并没有从我们的文化生活中消失，人们对此了然于胸，作家们也时常会从中找寻素材。

安森格罗伯（Anzengruber）曾创作过一部喜剧：一个天真的农家少年不愿迎娶自己的新娘，原因是"她是一个荡妇，会让她的第一任丈夫死于非命"。他允许自己的新娘先嫁给另一个人，待其守寡后，再娶她为妻，因为这时的她已经不那么危险了。这部作品的名字叫《处女之毒》，这不禁让我想起弄蛇人，他们会先诱使毒蛇去咬一块布，待蛇的毒性散尽之后，就任由他们摆布了。[1]

而处女的禁忌触及的主题，在一个著名的戏剧人物身上也得到了最有力的呈现，即黑贝尔（Hebbel）的悲剧《尤迪特和霍洛菲尼斯》中的主人公尤迪特。尤迪特是一个贞操受禁忌保护的女子，她的初任丈夫在新婚之夜被一股神秘的恐惧困扰，因而不敢再触碰她的身体。以她自己的话来讲："我的美丽有如颠茄，享有我，就难免发疯和死亡。"于是当亚述国的将军进攻她的城市时，她下定决心用自己的美色去诱惑他，从而置他于死地。

在此，作家以爱国的主题掩盖了性。在被骄傲自负的亚述国将军粗暴地破身之后，尤迪特从自己的愤怒中获得力量，一举砍下将军的脑袋，也由此成为自己国家与人民的英雄。

---

[1] A.施尼茨勒曾写过一篇短篇小说《莱森博男爵的命运》，尽管其情节不同，也值得在此一提。有位风流成性的女歌手，她的情人因一次意外而过世。她的情人临死之前，对此后第一个占有她的人施下了死亡的诅咒，希望以此换得她守身如玉。果然，这位身负诅咒的女歌手便不敢再与他人风流快活，直到她喜欢上一位男歌手。于是，她决定先和多年追求她未成的莱森博男爵睡上一晚。最后，诅咒也确实应验了，在明白事情真相的一刹那，莱森博男爵被人殴打致死。

砍头，其实便是阉割的一种象征，因此尤迪特阉割了夺取她贞操的男人，此种作为与之前所提到的那个女子的梦境，竟然不谋而合。

实际上，黑贝尔的这个剧本取材于解释《圣经·旧约》的伪经，但他自己巧妙地将这个爱国故事染上了性的色彩。在《圣经》原文里，没有任何有关那个恐怖的新婚之夜的记载，甚至尤迪特最后回家后还自辩并没有遭到玷污。当然，也许是作家的细腻情感，使得黑贝尔察觉到这个故事背后其实隐藏着古老的命题，从而使得此素材回归性的本色。

萨德格曾直指核心，对黑贝尔做了细致分析，他认为黑贝尔作品的选材源于他的双亲情结，使得他在两性冲突里时常选择站在女性的那方，甚至对她们内心最为深层的心理活动也能感同身受。

萨德格还引用黑贝尔的自述，阐明其改编题材的动机，有力地指出这些解释只是表象，其本意乃是为自身的潜意识行为辩护。

同样，对于黑贝尔将《圣经》中记载的寡妇尤迪特描绘成处女寡妇的用意，萨德格对此也进行了解析，在此便不再赘述。总体来说，这大概和孩童的幻想有关：他们总是对父母隐瞒自己的性行为，且将自己的母亲想象成不可侵犯的处女。但我要指出的是：当黑贝尔将自己剧作中的主人公确定为贞洁的处女之后，他自然就联想到破处之后，尤迪特的愤怒反应。

最后我们来总结一下：破处之后，不仅会使女性对自己的丈夫产生依附感的文化作用，亦会引发女性对男性由来已久的敌意。这种敌意时常会演变成某种病态，进而对之后夫妻的性生活造成障碍，这也是许多女性第二次婚姻会比第一次婚姻更加幸福的原因之一。至于原始族群的处女禁忌，丈夫不得参与妻子的破身过程，虽然有些奇怪，但考虑到破处后触发的敌意，其实也有其道理。

因此，若一个心理分析师能遇到一些兼对男人的从属感和敌意于一身的矛盾案例，那必定饶富趣味。有些女子对于将自己破身的丈夫毫无感情，却无法离开他们，每当她们试着与其他的男人相爱时，丈夫的影子就会出现在她们眼前。她们已经不爱，但有些画面仍然挥之不去。

精神分析揭示，这类女性尽管对自己的丈夫柔情不再，却依然在心底依附对方。她们无法离开自己的丈夫，乃是因为她们的报复行为还未完成。在某些典型案例中，她们的报复欲望隐藏极深，甚至连她们自己都不曾意识到。

第二章

文化的性道德
与现代人的精神病

（Die kulturelle Sexualmoral und die
moderne Nervosität）

在新近出版的性伦理论著中，冯·埃伦费尔斯（v. Ehrenfels）对自然的性道德和文化的性道德这两个概念做了区分。

自然的性道德指的是：帮助人类种族持续保有身体健康和生命活力的伦理系统；而文化的性道德指的则是：能使人们更为专注、更富成效地来参与文化活动中的性伦理。

若将一个民族的基本成就和文化成就做对比，其实不难看出两者间的区别。之后，我将引用冯·埃伦费尔斯的论述，并对他的思维做出进一步的评价。当然，我评论的范畴仅限于与我的研究相关的部分。

文化的性道德若占据了主导地位，则个体的健康和活力将很有可能受到损害。这种损害使得个体的牺牲累积到一定程度，就会侧面影响到文化终极目标的实现。

冯·埃伦费尔斯证明，如今在西方文明中占据正统地位的性道德，其实存有一系列的伤害力量，虽然他完全承认其对文化起了高度的促进作用，但也认为这种性道德亟须改进。

当今盛行的文化性道德，实则是将从前对女性的禁锢，强加到男性的性生活中，从而将任何不符合婚姻制度（一夫一妻制）的性行为，视为禁忌。但考虑到两性间的生理差异，人们又难以将男性的出轨行为施以合理的惩戒，纵容男性有其双重标准的存在。

但一个建立在这种双重标准上的社会，势必无法在"求道、真诚和人性化"的路途上，找到确切的准则，从而迫使人们不得不隐藏事实、掩盖真相，甚至自欺欺人。

文化的性道德的可怕之处在于：人性和健康需求使得生态选择（Vitale Auslese）在文明人群中几乎丧失功效，且对一夫一妻制的过分追逐，使得本可凭借"性选择"（Virile Auslese）来改善人类种族体质的途径，也遭受到阻碍。

冯·埃伦费尔斯在论述文化的性道德的危害之处时，忽略了一点，而其意义正是我们之后要仔细梳理的。同时，我认为在当今社会中迅速蔓延的焦虑情绪，也是因此而起。

有些时候，个别精神病患者会向医师提及，其真正的性情和文化要求格格不入，并暗示这便是其痛苦的来源："我们全家都有些焦虑，因为我们对自己的出身不满，想要变得更好。"

同样，医师也时常在临床观察中发现，那些生长在淳朴、粗野乡间的家族，有着简单、健康的社会关系的父辈；但从乡间进入大城市后，急于在短时间内，将其子女提升到较高的文化层次，从而便沦为焦虑人群。

总之，精神病医师们已经明确地将"人们的日渐焦虑"与"当今的文化生活"做了联系。而这两者的相关性，只需参考几位杰出观察者的论点，就不难得出。

比如W. 埃尔伯（W. Erb）便认为："根本问题在于，此前所提到过的，那些造成焦虑的因素确实在现代生活中成倍扩张，这便能解释何以人们日渐焦虑——只要瞥一眼当代的生活及其构成，其实答案便显而易见。

"从日常生活的一些现象里，我们不难找到线索：新时代的杰出成就，那些各个领域的发现与发明，以及在日增激烈的竞争下的进步，无不来自人们的心智努力，这也是成功的必经之路。

"由于生存竞争对个体能力的要求越来越高，唯有尽全力才能觅得生机。与此同时，个体对生活质量的要求也有了全方位的提升，前所未有的奢靡风气四处蔓延，越来越多人丧失宗教信仰，人群也逐渐变得乖戾且贪婪。

"各样的往来非常频繁，遍布全球的通信网络和电话线，彻底改变了从前的商业和交通模式：一切变得匆忙，夜晚必须差旅，白天还得谈判，即便想借旅行放松休养，种种舟车劳顿也能将一个人折磨得极其疲惫。

"相比以往，更多的政治、工业和金融危机正在广泛的人群中引起不安。人们越来越普遍地参与政治，于是政治、宗教和社会互起争端，选举之战以及无休止的政党之争使人头脑发热，精神焦躁，也夺走了原本用于休息、睡眠和静养的时间。

"大城市的生活越发精致，也同样越发喧闹。虚弱的神经只得借助更强的刺激和更重的口味来获得精神上的放松，但这无疑是饮鸩止渴。

"于是，文学为了满足大众的激情和感官享受，不惜漠视理想和道德准则，围绕新鲜的话题，塑造许多病态的人物角色，将性心理变态、反叛等腥膻丑陋呈现给读者。

"各种嘈杂、喧闹的音乐充斥耳边，令人不得清闲；戏剧作品则用夸张的表演，力求虏获人们的感官；造型艺术也偏爱展现出令人厌恶、丑陋、易引起骚动的事物，甚至不惜用令人反感的方式将现实中最丑恶的东西一览无遗地呈现在人们眼前。

"诸如此类的现象，当今文化发展中的重重危机已经显露无遗。若更细致观察，便可发现更多的细节。"

宾斯万格（Binswanger）认为："过去曾以为神经衰弱是种现代疾病，即便是首次对神经衰弱的病症做出概述的贝尔德（Beard），也曾认为自己在美洲大陆上发现了一种全新、特有的精神疾病，但事实并非如此。然而当一个美国医师凭其经验就能概括出这种疾病的特征时，也许恰恰证明了现代生活与这种疾病之间的紧密联系。科技的巨大进步超越了社交生活的时空阻碍，对金钱和名利的追逐，也为这种疾病的产生推波助澜。"

冯克拉夫特-埃宾认为："许多现代文化人的生活方式并不健康，焦虑正在人群中蔓延，此种危害首先作用于人们的大脑。

　　"过去几十年，文明社会的各方面，尤其在商业、工业和农业领域发生了许多改变，人们的工作、地位和财产也发生了大幅度的变化。这一切都是以牺牲人们的神经系统为代价：为了满足日益增长的社会和经济需求，于是得投入更多的精神心力，却得不到充分的休息。"

　　如此言论虽然合理，但不够充分，因为这些言论非但没有解释神经障碍现象的细节，更忽视了最为重要的根源病因。

　　若我们将词不达意的"焦虑"搁置一旁，只看具体的精神性疾病的表现，就能观察到文化强加给人们的性道德，实际上制止了文化人群（或文化阶层）的性生活，这也是文化带来的最大损害。

　　我曾在一系列论著中论证了这一观点，就不在此赘述了，仅摘录其中的一些重要观点。

　　根据细致的临床观察，我们可以将精神性疾病分作两类，即真正的神经官能症和所谓的精神病。对于第一类患者而言，无论罹患的是生理性还是精神性障碍症，其表现都与中毒无太大差异，大多是因为某种神经素过多或太少引起的。

　　这类神经官能症多被看作神经衰弱，可能是性生活所产生的负面影响，且无遗传因素可循。其发病的形式与性生活受损害的形式息息相关，以往仅凭临床上的症状，就能逆推出其性生活上的起因。但在这类病症和前述文化的负面影响之间其实不存在对应关系，由此可知，性生活因素才是这类疾病出现的根本原因。

对于精神病而言，遗传的因素十分重要，其起因也更不明显。通过精神分析研究可以观察到，这类症状（歇斯底里症、强迫症等）皆是被压抑的潜意识在作怪，故是由心理因素引起的。精神分析还可以帮助我们直指潜意识的症结，让我们明白这些行为的背后其实都含有性的意味。

它们其实是未能满足的人们发泄性需求的途径，从某个层面上来说是一种替代性的满足。因此，性生活遭到损害，性行为受到压制，性目标被迫转移，便是精神病的致病之源。

虽然我们已从理论上区分了生理性和精神性的神经官能症，但也需要注意，这两类因素可能同时作用于大多数精神病患者的身上。

那些准备好与我一同在性生活损害里进一步探讨精神病起因的人们，也会同意我之后的论述，在更宽广的层面上，寻找人们日趋焦虑的原因。

一般而言，文化其实是建立在压抑本能欲望的基础之上的，每个人皆被要求放弃自己一部分的财产、权力、攻击性和报复欲，从而完成公共的物质和精神文化之财富累积。

正是因为生存的需要，以及由性爱所衍生出来的家庭感，使个体做出了牺牲。而在文明发展的历程中，这类牺牲具有进步的意义，也得到了宗教的认同：人们放弃欲念，作为供奉给神的祭礼，从而得到的公共财富便是"神圣的"。至于那些坚持自己、不愿配合的人，就是社会的"罪人"和"叛徒"，除非他们的社会地位和杰出才能足以将他们包装成"伟人"和"英雄"。

有研究指出，人类的性冲动其实是由多种元素和各类部分冲动组成的。因此，其性冲动比其他大多数高等动物的更为强烈，持续得也更久，因为它几乎彻底摆脱了其他动物性冲动的周期性特点。

此外，它还有一个优势：其对象可以发生转移，却不会从根本上减弱其强度，这就为文化行为提供了许多巨大的能量来源。如此用一个与性无关的目标去替换原始的性目标，并在过程中保留两者间心理联系的能力，被称为"升华作用"（Sublimierung）。

有些性冲动能被转移，从而表现出它们的文化价值；但有些性冲动则十分顽固，不愿被用作他途，有时甚至不惜相抗。由于每个人原始的性冲动强弱因人而异，因此其可以被投入升华作用中的份额，也各不相同。

我们可以这么认为：首先，一个人天生的机制决定有多少性冲动能被用于升华作用；其次，生活的改变和心智的发展，也会促进更多的性冲动份额发生转化。

但就像在机械运动中热能不能百分之百得到转化一样，性冲动也不可能完全不流失地被转移。且对于大多数器官来说，一定程度的直接性冲动是必要的，若这部分性冲动无法满足，便会对人体造成功能性的损害，给人带来不快，直到让人产生病态。

一旦我们明了，人类性冲动的产生并非出于繁衍的需要，而是为了获取一定的愉悦感，这一切便都豁然开朗了。性冲动在幼儿期就已萌芽，孩子的快感并不只源于性器官，也来自其他身体部分（快感区），他们执着于某一区域，甚至不惜放弃其他快感来源。我们称这一时期为"自体享乐期"，并在教育过程中限制这一时期的延续，因为在这一阶段停留过久，会影响随后对性冲动的主导和转化。

随着身体的发育，性冲动渐渐从自体享乐转变为对象之爱，原本皆有自主性的各个快感区，也开始让位给具备生殖功能的性器官，成为其部属。在此过程中，部分性冲动因为无关乎生殖而受到排挤。在理想状态下，这部分性冲动可以被升华，而所谓的反常性冲动受到压抑，正好为文化行为提供最大的动力来源。

参考性冲动的三个发展阶段，我们也可以将文化的发展分为三个阶段：

第一阶段，性冲动不以生殖为目的，自由不受拘束；

第二阶段，一切不为生殖服务的性冲动，都受到束缚；

第三阶段，仅有为生殖服务的性冲动，才能被允许成为性目标。

我们当前的文化性道德，就是第三阶段的产物。

但假如我们以第二阶段作为参照，就可以观察到，部分人群的身体并不能完全满足这一阶段的要求。于是从自体享乐期，到对象之爱，再到性器官结合的发展过程中，这些人的性冲动偏离了正常。

于是这种病态的发育，也最终产生了两类有害的反常现象，我们不妨称其为文化使然的性发展，这两者既互斥，又共生。

第一类是各式各样的性反常者（性欲过于旺盛的人除外），他们的性目标依旧停留在自体享乐的第一阶段，本该主导生殖器官时反而未能及时统领；第二类是同性恋人群或性倒错者，不知什么原因，他们的性对象从异性转移到同性身上。

只有这两类有害的发展障碍降低到常人预期的界线，正常的性冲动才会得以成形，性生活也可以趋于正常。

在这一过程中，一部分性冲动的组成元素会被排除在外，且事实证明，性倒错者或同性恋者身上这些多余的性冲动成分，更适宜于升华作用，转化为文化的果实。

然而，如果性反常者和同性恋者的性冲动表现得更为强烈，或是成为一个人的全部，那就会使载体丧失其社会功能，以至于其心里忧郁、闷闷不乐。即便是停留在第二阶段的文化要求，也会成为这部分人痛苦的来源。

但这一类人群的命运也各有不同，一切都取决于他们身上性冲动的强度。若另类的性冲动较为弱势，性反常者就能压制住内心那些有违其文化阶段道德要求的性冲动。但即便是在这种理想状况下，压制这些性冲动也会耗尽他们的全部心力，使得他们无从分身从事文化活动。

因此，这种内耗使他们丧失了对外活动的可能，几乎可以预见他们将会是第三个文化阶段中禁欲男女的翻版。

所以若是一个人反常的性冲动十分强烈，那便只有两条可能的出路。

第一条路，这些人坚持自身反常的性取向，并为此承担一切偏离自身文化层次的后果。

第二条路，在教育和社会规范之下，这些人也能克制住自身反常的性冲动，不过克制得并不彻底，甚至可以说是更加失败。此种情况若是成功，则受阻的性冲动将以另一种方式被宣泄出来；但就算是换一种宣泄通道，其对于个体而言同样有害，就长期来说，还不如一开始就对其放任不管。

因此克制性冲动就会产生替代现象，即所谓的精神焦躁，或者精神病。由此看来，其实精神病患者就是一群违心地去适应文化要求、痛苦地压抑内心欲望、竭尽全力服从于主流文化的人，他们为此耗尽心力，以至于显露出病态。

尽管如此，我仍旧把精神病看作性反常的一种隐形表现，因为性反常的倾向即使已被压制，也仍然会在潜意识的逼迫下显露出来。故从本质而言，它与显性的性反常现象其实并无区别。

另外，每个人的承受能力其实都有一定限度，一旦超出承受范围，其体质就无法再适应文化要求。有些人过于苛求自己，承受的压力超过限度，于是就患上了精神病。若他们能够接受自己的不完美，日子就会好过许多。

性反常和精神病本来就是一体两面，只要观察某个家庭中同代人的表现，这一点就能得到印证。比如在男孩是性反常者的家庭中，其姊妹往往是精神病患者，虽然身为女性，她们的性冲动并不明显表现，她们的症状却与性欲旺盛的兄弟无异。同样，许多家庭中的男子身体健康，却被视作伤风败俗的另类，为社会所不齿；其同辈的女子体态端庄，举止优雅，但十分神经质。

我们的社会要求所有人遵守共同的文化准则，有些人的体质可以让他们轻松遵守，有些人却要为此做出很大的牺牲，这本身就极不公平。幸而有些道德准则被人漠视，这些矛盾才难以突显。

迄今为止，我们的观察都适用于假定的第二个文化阶段。在此阶段中，那些所谓的性反常行为是被严格禁止的，而正常的性交则不受限。但即使这样划分自由的和受限制的性行为，仍会有人被视作性反常而无法融入社会，另一些人虽然努力摆脱性反常，却也未能成功，反而变得神经质。

若我们将对性自由的束缚和文化要求提升到第三个阶段，仅仅允许合法婚姻内的性行为，其后续情况也就不难想象：性冲动强烈的人会与文化的要求公然抵抗，这方面的人数必然会大量增加；而那些软弱的人在文化限制和内心抗争之间两面被欺压，直至患上精神病，这方面的人数也会大幅度增长。为此，我们需要回答以下三个疑问：

第一，第三个阶段的文化向个人提出什么要求？

第二，合法的性满足是否能补偿禁止其他性行为所带来的损害？

第三，这种可能会给人带来损害的禁欲行为，在何种程度上能为文化所用？

　　要回答第一个问题，就必须谈到禁欲。第三个文化阶段要求每个人在两性通婚之前保持禁欲，若一生不婚，那就只能禁欲一生。

　　许多权威人士认为禁欲并非难事，也对人无害，不少医师也持相同的观点。但实际上，要去克制性欲这种强烈的欲望，而不是顺其自然地去满足它，对于任何人来说都非易事。只有少数人可以借助升华作用，将性冲动从性目标转移到更高层次的文化目标上。且即便是这些人，也并非都可以成功转换，至少精力旺盛的青少年们就很难做到这一点。大多数人则会变得有些神经质，或者做出让健康受损的事情。

　　事实上，我们大多数人本身无法适应禁欲。因此，那些在性限制相对宽松的低等阶段，就表现出不适应的人群，在如今文化的性道德下就只能患病更早、病得更重，乃因一旦一个人的正常性生活因先天不良或发育受阻而面临威胁，其最好的补救方法就是去满足性的需求。

　　但更糟的是，一个人越是陷入精神病，就越难做到禁欲，而那些在正常发育过程中本应发生转化的部分冲动，也就越难被压抑。

　　即便那些能遵循第二阶段的文化限制的人群，也会大量出现神经质的症状，因为性满足越是受挫，其精神价值就显得越高。最后过度累积的力比多会寻找性生活的薄弱环节，以病态的方式，寻求精神上替代性的满足。

　　知晓这种局限性精神病症状的人，也就不难得出结论：正是当今社会对性行为的种种限制，才导致精神病症状的频繁发生。

　　现在我们再来研究第二个问题，即合法婚姻中被允许的性行为，能否弥补婚前禁欲的伤害。

　　绝大多数资料都对这一问题持否定看法，故在此我们仅做简要的摘录。即便是婚内性行为，也受到了当今文化性道德的束缚，因为夫妻双方被要求尽可能节育。

　　因此，夫妻性生活美满的时间本来就不长，中间还要扣除那段出于保护女性健康而必须禁止性生活的时期。于是在三五年后，婚姻内的性生活就无法再完全满足夫妻双方了。无论是何种避孕措施，都会削弱性交带来的快感，假使夫妻双方无法获得最微妙的感受，可能会直接引发疾病。

　　所以，夫妻间百般的爱意与柔情，甚至于心灵上的两情相悦，都会因为害怕性行为所带来的后果而消失殆尽，也令双方开始逃避一夜激情后的责任。种种因素，导致在大多数的婚姻中，夫妻双方会在精神和肉体双重失落的作用下，陷入婚前的禁欲境地，被迫压抑和转移自己的性幻想和性冲动。

　　要求一个壮年男子做到这一点，简直难以想象。事实上，尽管在最严酷的性道德束缚下，男性依然会绞尽脑汁利用好每一丁点的性自由。那些当今社会中盛行的双重性道德标准，就是最好的证明：我们这个社会制定这样的规范，但本身并不指望它们能得到严格的执行。

况且经验也表明，承担着生育重任的女性，其升华能力也是有限的。起初，初生的婴儿还能作为她们性对象的替代品，但随着孩子的长大，对婚姻的失望无处释放，她们终生难免被严重的精神病所困。

在当今的文化现状下，婚姻早已不是能够消除女性精神痛楚的解药了。作为医师，我们虽然建议患有精神病的女性尝试结婚，但其实我们也明白，一个女孩只有足够符合文化性道德的规范，才能经受住婚姻的考验。

因此，我们也强烈建议男性别娶婚前就已经显现神经质的女性为妻。婚姻使人焦虑不安，而抵御这种不安的最好解脱方法就是出轨，但一个女性所受到的家教越严，越是遵循文化的约束，就越害怕采取此方法。

她们被夹在内心欲望和自身责任感之间难以权衡，最终只能变得非常神经质，因为唯有疾病才能保全她们的美德，婚姻只能短暂地、略带敷衍地满足当代年轻人积累许久的性欲望，难以持久。说它能弥补婚前禁欲的损害，简直就是天方夜谭。

即便是同意文化的性道德会给人类带来伤害的人，在面对第三个问题时，也许仍会质疑：被受限的性行为折磨到痛苦不堪的人毕竟为数不多，约束性生活所带来的文化效益，或许要比给人类带来的痛楚要多上许多。

　　我自然是无法将其中的得失算得一清二楚，但大致可以估计其中的害处。

　　回到我们提过的禁欲话题，我得说禁欲除了会诱发精神病，其实还有其他的恶果。即便是由禁欲引发的精神病，也一直未能得到全面且系统的评估。

　　不过，我们的教育和文化总是在试图延缓人们的性发展和性活动，这本身并没有害处，况且考虑到如今受过教育的青少年独立谋生的年龄越来越大，这些设定似乎还是极为必要的。但是，我们也必须注意到，我们的文化制度紧密相连，往往会牵一发而动全身，任何细小的改变可能都要冒很大的风险。

　　超过二十年的禁欲生活，对于青年男子来说是难以想象的，即使不令他们变成精神病患者，也会带来相当大的损害。有人说，抗争强烈的性冲动、强调精神生活伦理和美学的力量，会有助于磨炼一个人的意志，这对少数的奇才来说，确实无疑。然而对于绝大多数人而言，与性冲动的抗争几乎就耗尽了他们全部的精力，但青少年时期的全部精力，本应被用在社会上来奋斗和生存的。

　　不过不同的工作性质，也会有不同的影响，例如不问情事的年轻学者能通过节欲，为自己的研究省下更多的精力；而艺术家的灵感往往来自其性生活，很难做到彻底的禁欲。一般来说，我不认为禁欲可以造就精力充沛、独立自主行动的强者，具备原创精神的思想家，或者无畏的解放者和改革者。在更多的情况下，禁欲只能产生一些顺从的弱者，他们终不免会成为平庸之人，被迫接受强者的摆布。

在禁欲的过程中，性冲动十分顽固强烈，总要伺机做出反击。但我们文化教育的倾向，是在婚前暂时压制性冲动，婚后则对其采取放任的态度。因此，对性冲动的压制有时过于强烈，结果往往适得其反，重获新生的性冲动反而会对人们造成持续的伤害。

因此，对于青年男子而言，青少年时期完全禁欲，并非最好的方式。有些女性对此也了然于心，所以倾向于在爱慕自己的人中选择有过性经验的男子作为配偶。

至于婚前严格禁欲对于女性的伤害，则更为明显。教育为了打压女子婚前的肉欲，可谓绞尽脑汁。它不仅禁止婚前性行为，更大肆宣扬保全贞操的重要性，刻意使得走向成熟的少女，对自己将要承担的角色，处于一无所知的状态，禁止一切偏离婚姻的爱情冲动，更竭力防止她们接触到外界的诱惑。

这样做的后果是：即使少女被父母允许恋爱，她们在心理上也没有做好准备，故只能带着不安的心态步入婚姻的殿堂。

她们的爱情功能被人为地延缓了，在情欲喷涌的丈夫面前，她们的表现注定会让人失望。而在精神状态上，她们依然受控于父母，父母对性冲动的压制具有权威性，这种威严仍然令她们诚惶诚恐。

在身体上，她们表现出性冷淡，这也就使得丈夫无法与其共同享受高质量的性生活。我不清楚在没有文化教育的地方，是否也有性冷淡的女性存在。若有，这类女性肯定也受到了教化的影响。

这些在性生活中感受不到愉悦的女性，也不太愿意怀孕生子，或者在生育时表现出更多的痛苦。在她们为了走向婚姻，洁身自好以符合社会期待之时，婚姻的意义已经不复存在。

等到她们彻底摆脱此种束缚，重新获得爱的能力，与丈夫之间的裂痕却已经难以修补，只能逼得她们在忍受性饥渴、出轨和患上精神病之间做出选择。

另外，从一个人的性行为中，往往能窥出他的处世原则。一个会对自己的性对象积极主动的人，在追寻其他目标时也大致会如此。那些经过深思熟虑、克制了自己的强烈性欲的人，在生活中也会表现得相对谦让、畏缩和被动。

这一点，在女性身上就有最好的例证。尽管她们有着强烈的求知欲，我们的教育却不允许女性站在理性的角度去研究性问题，反而恐吓她们，对性知识的渴求是一种道德败坏的表现。如此一来，女性就变得倦于思考，对于性知识也不会有太多兴趣了。

这种禁锢的思想不仅仅局限于性的范畴，也影响到其他领域。一方面是因为性与生活之间有不可分割的联系，另一方面也是自然而然的事情，如同人们在宗教问题上很难有出格的思考，温顺的臣子很难放弃他们的愚忠一般。

在莫比乌斯有着多处前后矛盾的论述中，他认为处理心智工作和性行为之间的关系是女性的"生理弱点"。对于这种看法，我着实不敢认同。相反，我认为许多女性智力上的发育滞缓，正是由性压抑造成的思想障碍所引起的。

综观上述，在关于禁欲的讨论中，禁欲大致可以分为两种：禁止一切的性行为，或者仅仅禁止与异性之间的性交。

许多成功禁欲的人，他们的禁欲其实是借自慰或一些类似的性满足行为得以实现禁欲目标的，这与孩提时代自体享乐期的性行为密不可分。正是因为这层关联，这些获取性满足的替代行为绝非无害。

如果性生活朝向幼儿时期的性行为发生退化，就容易诱发各种精神病和心理障碍。同时，自慰也不能完全满足文化性道德的要求，它使得年轻人与教育的理想目标发生冲突，而这种冲突本是他们想通过禁欲力求避免的。

此外，自慰还会放纵一个人的性格。首先，如果一个人不经过努力和付出，就能轻而易举地达成性目标，那么依照性行为的原则来看，这对于其性格的养成极为不利；其次，在伴随着自慰出现的性幻想里，一个人往往会把自己的性对象提升到一定的高度，而在现实生活中找到类似的性对象却非易事。难怪作家卡尔·克劳斯（Karl Kraus）在维也纳的《火炬》（Fackel）杂志中，曾经不失幽默地说：和自慰相比，性交只是一种不完美的替代品！

一方面，文化对禁欲提出了严格的要求；另一方面，禁欲目标的实现的确存有客观的困难。因此，人们将禁欲的重点放在避免两性性器官交合上，默许了其他形式的性行为。

　　既然正常的性交遭到了道德的强烈谴责（由于性病传染等因素，卫生学也加入了谴责的行列），那么两性间那些用其他身体部位来取代性器官的反常性行为就由此而生，其重要性也日趋上升。这类性行为并非夫妻间偶尔尝鲜的新技巧，故而十分有害。

　　从道义上讲，这类行为应当受到挞伐，因为它们将两人间的爱情关系从一件严肃的事情，转化成了一个零风险、无须全身心投入的享乐游戏。

　　此外，如果正常的性生活变得困难，同性恋的数量就将大大增加。除了那些天生的同性恋者和在孩提时期受环境影响而成为同性恋的人之外，又将有一大批人由于在成年时期原欲的主要流向受阻而导致性错乱。

　　禁欲造成的这些意料之外却又无法避免的后果，彻底翻转了为婚姻做准备的本意。对文化的性道德而言，婚姻才是一切性追求的唯一目的。

　　那些受自慰或一些其他反常性行为的影响，而将原欲释放到正常通道之外的男子，在婚姻中多少会表现出性能力的不足。而那些用类似方式保住童贞的女子，在婚内的性生活中也会表现出性冷淡。

　　如果男女双方的性能力从一开始就打了折扣，那么这段婚姻恐怕就难以维持了。一次猛烈的性经历，原本可以帮助女性摆脱教化所致的性冷淡，可若男性的性能力不足，得不到满足的女性，也就只能继续保持性冷淡了。而且对于这样的一对夫妻而言，避孕也较正常夫妻来得困难，因为性能力较弱的男性往往不能忍受避孕措施的使用。一旦婚姻陷入这种窘境，性交就成了一切问题的根源。可若放弃了性交，婚姻的基础也就不复存在了。

我并没有在这里大放厥词，仅仅是忠实地叙述了一些临床上经常观察到的现象，这一点肯定会得到业内人士的赞同。一般人恐怕难以置信，在当今文化性道德的影响下，婚姻中的性行为出现了许多状况，性能力正常的男子越来越少，患有性冷淡的女子却越来越多，总体来说，这是一桩多么令人绝望的事情，原本让人热切向往的婚姻之乐，竟然如此难寻。

在这种情况下，许多人被迫从精神病中寻找出路。接下来要说明的，便是这样的婚姻对于子女会有什么样的影响。一开始或许会认为与遗传有关，但仔细研究后我们可以发现，这都是父母对子女的幼年产生强烈影响的结果。

患有精神病的女子在自己的丈夫那得不到性满足，就会将自己对爱的需求转嫁到孩子身上，对他们百般呵护、倍加宠爱，这恰恰造成了孩子的性早熟。父母不和谐的相处又在孩子的情感生活中起着作用，使他们在过早的年纪强烈感受到了爱、恨和嫉妒。

孩子的性欲早一步被唤起，但严格的家教和社会规范又不能容忍任何性行为，两者之间的矛盾在孩子身上造成冲突，足以使其终生面临被精神病折磨的危机。

现在我要回头阐述一下我前文的说法，即人们一直未能对精神病给出全面而系统的评估。

当一个人患上精神病时，其家属或许会漫不经心地把他抛在一边，一些医师还会信誓旦旦地做保证，进行几周的冷水疗法，再静养几个月，病就可以痊愈了。这只是一些庸医和门外汉的做法，他们的这些言辞顶多只能给患者带来短暂的安慰。

众所皆知，一个慢性的精神病患者，即使没有彻底丧失生存能力，也很难去承受生活的重负，其所处的境地与肺结核患者或者心脏瓣膜病患者并无太大差别。

如果有人以为，精神病仅仅是使一小部分的弱者失去传承文化的能力，大多数人只要付出一些主观上的痛楚，就可以继续传承的话，那就大错特错了。

我在此特别强调，精神病无论出现在谁身上，只要它一直存在，就会挫败我们文化的目标，扮演与文化作对的精神力量的角色。

在这个过程中，社会无法全面兼顾，最后只好在日益增多的精神病面前表现得越发软弱，并为此付出惨重的代价。

举个典型的例子，一个女子在结婚后并不爱她的丈夫，无论是在刚结婚时还是在之后的婚姻生活里，她都找不到爱他的理由，但与此同时，她所受的教育又要求她必须爱她的丈夫，因为这才是婚姻的意义所在。于是，她必须压抑自己内心的所有冲动，违心地克制自己，还得使出浑身解数，扮演一个温柔、顺从、体贴的妻子。若如此自我压抑太久，她轻易就会患上精神性疾病，并很快在她所不爱的丈夫身上寻求报复，施予他同样的不满和苦恼，其后果恐怕比坦白事实还要严重。

这个典型的例子充分展现出了精神病的可怕力量。此外，若想压制那些并非直接与性相关，却与文化作对的冲动，也会适得其反。

例如，有人刻意去压制自己性格里过于激进和残暴的一面，想要做一个大好人。但这是一件极其困难的事，乃因与自己的性格做斗争会耗去他的大部分精力，使得他应接不暇，他所做的好事，恐怕比正常的时候还要少。

同时，我们还要了解，限制性行为会大幅度增加一个种族的生存焦虑感和死亡恐惧感，从而影响每个个体享受生活的能力，打消他们为某件事全力以赴的积极性。而这一切，都会直接反映在人们日趋削弱的生育愿望上，甚至可能导致一个民族在未来被除名。

于是我们不禁要问，人们为文化的性道德做出如此多的牺牲，真的值得吗？何况如今我们还没有彻底脱离享乐主义，谁都不愿意平白无故地奉献自己的一部分快乐，来服务于文化发展的目标。

作为一个医师，提出这方面的改革并非我的职权所在、能力所及，我能做的，只是在冯·埃伦费尔斯研究的基础上，整理出文化性道德的种种伤害，指出它与在现代人群中蔓延开来的精神病之间的对应关系，并由此证明：改革，已迫在眉睫。

附　录　弗洛伊德与他的时代

年代	生平	历史大事记	文化与社会
1856年	5月6日，西格蒙德·弗洛伊德诞生于奥地利摩拉维亚省（今捷克共和国东部）弗莱堡市。父亲是位从事羊毛生意的犹太商人。	签订《巴黎和约》，克里米亚战争结束。中英第二次鸦片战争开始。	英国的亨利·贝塞麦改革了由铁矿石炼钢的方法，发明了转化炉来炼钢。
1859年（3岁）	随家人迁居德国莱比锡，次年定居维也纳。		达尔文出版《物种起源》。马克思出版《政治经济学批判》。
1873年（17岁）	以优异成绩完成中学学业，进入维也纳大学医学院。大学期间不仅修完医学方面课程，还额外修了生物学、哲学、矿物学等外围学科。	西班牙第一共和国建立。	麦克斯韦出版《电磁学》。

年代	生平	历史大事记	文化与社会
1876年（20岁）	师从恩斯特·布吕克，进入维也纳生物学研究所做课题研究。	左宗棠带领湘军收复新疆。 保加利亚爆发"四月起义"。 英国议会授予维多利亚女王"印度女皇"之头衔。	贝尔发明电话。 马克·吐温发表小说《汤姆·索亚历险记》。
1879年（23岁）	应招入军队服役，闲暇时间进行业余翻译工作。	日本兼并琉球，改为冲绳县。	爱迪生发明电灯。
1881年（25岁）	获维也纳大学医学博士学位，进入维也纳综合医院实习。	德国、奥匈帝国、俄国结为同盟，是为"三帝同盟"。 中俄签订《圣彼得堡条约》。	
1882年（26岁）	转入希欧多尔·梅涅特的精神治疗研究所工作，次年回到维也纳综合医院。	中国与法国签订《天津条约》。 美国颁布1882年排华法案。	
1884年（28岁）	受命负责综合医院精神科工作。次年3月临时代理私人精神病疗养院医师工作。	柏林西非会议召开，欧洲列强各自划分在非洲的势力范围。 第三次英国议会改革，除贫穷者外，皆获选举权。	
1885年（29岁）	获维也纳大学讲师资格，在布吕克的推荐下得到医学奖学金，赴法国巴黎深造。在巴黎，弗洛伊德投学让-马丁·夏尔科门下，并进入当时全世界最好的精神病研究机构萨伯特慈善医院研究学习，由此正式迈进精神病学研究领域。	中法战争，法国取得越南为殖民地。	美国自由女神像安置完工。 第一辆摩托车在德国问世。

年代	生平	历史大事记	文化与社会
1886年 （30岁）	从巴黎返回维也纳，专研歇斯底里症及催眠疗法。		发明可口可乐。
1887年 （31岁）	发表《关于古柯碱的研究》。	台湾省正式建省，刘铭传任首任台湾巡抚。	
1891年 （35岁）	发表《论失语症》。逐渐形成精神分析法的基本思想。		斯坦福大学正式开课。 爱迪生获收音机及电影摄影机专利。
1895年 （39岁）	与布劳尔合著的《歇斯底里症研究》出版。	中日签订《马关条约》，甲午中日战争结束。	诺贝尔奖设立。 卢米埃兄弟在巴黎首次放映电影。
1900年 （44岁）	出版《梦的解析》，精神分析法正式建立。开始做自己的梦境记录，并每日定时做自我精神分析。	八国联军侵华战争爆发。 英国原六个殖民地宣告成立澳大利亚联邦。	
1901年 （45岁）	发表《日常生活的精神病理学》，首次通过精神分析法阐释了人们日常生活中普遍存在的"潜意识"行为。	清朝与其他十一国代表在北京签订《辛丑条约》。	首次颁发诺贝尔奖。 无线电通信发明。 纽约洋基队成立。
1902年 （46岁）	受聘为维也纳大学医学院教授。在家中创办"星期三心理学俱乐部"活动，参与者先后有阿德勒、费登、荣格等青年精神病医师和研究者，后来都成为心理学领域举足轻重的人物。	英日同盟成立。	京师大学堂师范馆成立。 美国百老汇第一个剧场开始营业。

年代	生平	历史大事记	文化与社会
1904年 （48岁）	出版《诙谐及其与无意识的关系》《日常生活的精神分析》。	日俄战争爆发。	
1905年 （49岁）	发表《少女杜拉的故事》。出版《性学三论》。	瑞典挪威联合王国解体。 第一次摩洛哥危机。	第一个扶轮社成立。 爱因斯坦发表狭义相对论。 清朝废除科举制。
1906年 （50岁）	结交时年31岁的C.G.荣格。	旧金山大地震。 维苏威火山爆发。 印度成立穆斯林联盟。 英国工党建党。	雷吉纳德·菲森登启用世界上第一台无线电台。
1908年 （52岁）	"星期三心理学俱乐部"升级成为"维也纳精神分析学会"。发表《文化的性道德与现代人的精神病》。4月，于奥地利萨尔茨堡召开首次"精神分析会议"。8月，受邀赴美讲学，将精神分析法带到美国。	清末帝溥仪即位，年号"宣统"。 奥匈帝国并吞波斯尼亚及黑塞哥维那，引发波斯尼亚危机。	福特公司推出T型车。 美国首次出现庆祝母亲节的活动。 法国人伯希和携走敦煌莫高窟经卷文物、绢画、雕像六千余件。
1910年 （54岁）	出席于德国纽伦堡召开的第二届"国际精神分析大会"。会上成立了"国际精神分析协会"，荣格任首任主席。发表《列奥纳多·达·芬奇的童年记忆》。出版《心理分析》。用精神分析法帮助音乐家马勒治愈"强迫症"。	日本并吞韩国。 葡萄牙成立共和政府。	爱迪生发明有声电影。
1911年 （55岁）	出席于德国威玛召开的第三届"国际精神分析大会"。	黄花岗起义。 武昌起义。 同盟会推翻清朝专制，中国进入共和时期。	首次三八妇女节。

年代	生平	历史大事记	文化与社会
1913年（57岁）	出席于德国慕尼黑召开的第四届"国际精神分析大会"。出版《图腾与禁忌》。	第二次巴尔干战争。二次革命爆发，孙中山讨伐袁世凯。	亨利·福特在福特汽车厂建立第一条汽车装配线。
1914年（58岁）	发表《精神分析运动史》。荣格退出"国际精神分析协会"。	第一次世界大战爆发。	
1915年（59岁）	于维也纳大学开设"精神分析导引"课程。发表《对战争与死亡的看法》。		革命刊物《新青年》在上海创刊。
1916年（60岁）	发表《悲伤与抑郁》。出版《精神分析导引》。	袁世凯称帝，史称"洪宪帝制"，八十三天后宣布瓦解。	
1918年（62岁）	出席于匈牙利布达佩斯召开的第五届"国际精神分析大会"。	第一次世界大战结束。十一个国家宣布独立。	鲁迅发表小说《狂人日记》。
1919年（63岁）	战争带来了大规模人群的精神困扰，对于精神病学研究的需求陡增。弗洛伊德在维也纳创办"国际精神分析出版公司"，专门出版心理学相关书籍。	第一次世界大战正式结束，在巴黎签订《凡尔赛条约》。中国"五四运动"发生。中国出现第一次大规模罢工。	德国议会选举，妇女首次获选举权。
1920年（64岁）	出席于荷兰海牙召开的第六届"国际精神分析大会"。出版《快乐原则的彼岸》。	国际联盟正式成立，总部设于瑞士的日内瓦。印度国民大会党领袖甘地发动第一次不合作运动，反对英国殖民统治。	美国妇女获得选举权。
1921年（65岁）	出版《群体分析及自我分析》。	中华民国政府成立，孙中山就任非常大总统。土耳其、爱尔兰独立。	

年代	生平	历史大事记	文化与社会
1922年（66岁）	出席于德国柏林召开的第七届"国际精神分析大会"。	华盛顿会议召开。墨索里尼掌权，意大利法西斯党开始执政。苏联成立。	台湾纵贯铁路海岸线全线通车。英国广播公司（BBC）正式创立。
1923年（67岁）	出版《自我与本我》。发现口腔中的肿瘤，同年接受手术。	比利时、法国出兵占领德国鲁尔区。日本关东大地震，东京被夷为平地。	鲁迅出版小说集《呐喊》。美国华特迪斯尼公司正式营运。
1924年（68岁）	出席于奥地利萨尔茨堡召开的第八届"国际精神分析大会"。		
1925年（69岁）	出版《自传》。出席于德国洪堡召开的第九届"国际精神分析大会"。	《罗加诺公约》签订。孙中山在北京逝世。	贝尔德发明电视机。
1926年（70岁）	出版《抑制、症状与焦虑》。	中国国民革命军开始北伐。	
1927年（71岁）	出版《一个幻觉的未来》。出席于奥地利因斯布鲁克召开的第十届"国际精神分析大会"。	中国南昌起义。	第一部有声电影出现。
1929年（73岁）	出版《文明及其不满》。出席于英国牛津召开的第十一届"国际精神分析大会"。	世界经济大衰退开始。梵蒂冈独立。	奥斯卡奖首次颁发。
1930年（74岁）	获德国文学最高荣誉"歌德奖"。因健康原因未能赴德国法兰克福参加授奖仪式，由女儿安娜·弗洛伊德代为出席。	台湾赛德克人在首领莫那·鲁道率领下，在雾社发动反抗日本统治的起义，"雾社事件"爆发。	第一届足球世界杯于乌拉圭举行。
1932年（76岁）	出席于德国威斯巴顿召开的第十二届"国际精神分析大会"。	日内瓦会议举行。	

年代	生平	历史大事记	文化与社会
1933年（77岁）	希特勒上台，禁止一切有关精神分析学派的出版物。	希特勒成为德国元首，第三帝国成立。甘地发起禁食抗议英国占据印度。	
1936年（80岁）	纳粹分子冻结"国际精神分析出版公司"财产。弗洛伊德当选为英国皇家学会会员。	意大利军队攻占衣索比亚首都。	
1937年（81岁）	出版《有限与无限》。	爱尔兰独立。德日意轴心国成立。日军发动"卢沟桥事变"，对日全面抗战开始。日军攻克南京，史称"南京大屠杀"。	世界首部动画片《白雪公主和七个小矮人》首映。
1938年（82岁）	3月，纳粹德国入侵奥地利，查封"国际精神分析出版公司"全部财产。6月，弗洛伊德取道法国巴黎前往英国伦敦。	德奥合并。签订《慕尼黑协定》。	
1939年（83岁）	3月，《摩西与一神教》出版。9月19日，病情恶化。9月22日，自愿放弃治疗并请医师为其减轻痛苦。9月23日，弗洛伊德在睡眠中与世长辞，终年83岁。	西班牙内战。德国吞并捷克。德国入侵波兰，第二次世界大战正式爆发。	